Kaffeehausgeschichten

aus dem alten Dresden

ANDREAS THEM

Impressum

© edition Sächsische Zeitung
SAXO'Phon GmbH, Ostra-Allee 20
01067 Dresden
www.editionsz.de

1. Auflage August 2011

Layout Dresdner Verlagshaus Technik GmbH, Antje Madaus

Druck ELBTAL Gruppe – Druckerei & Kartonagen Kahle GmbH

ISBN 978-3-938325-88-9

Inhaltsverzeichnis

Vorwort

Kaffeehausgeschichten aus dem alten Dresden. Was gibt es da nicht alles zu erzählen? Umfangreiche Recherchen ermöglichen neue Einblicke in die Geschichte solch bekannter Namen wie „Kreutzkamm“ am Altmarkt, „Hülfert“ in der Prager Straße oder „Beyer“ in der Wilsdruffer Straße. Neben diesen bekannten Adressen blieben andere durch den im Dresdner Volksmund entstandenen Namen in bleibender Erinnerung. So zum Beispiel das „Fisch’l-Café“ in der Schlossstraße oder das „Café Rumpel“ unter den Gleisbögen am Dresdner Hauptbahnhof. Und es gibt noch Zeitzeugen, die in einem Kaffeehausbetrieb groß geworden sind und so einmalige Einblicke hinter die Kulissen geben können.

Der rasende Reporter Egon Erwin Kisch vertrat Anfang der 1930er-Jahre die Meinung, dass er ohne Kaffeehäuser in deutschen Großstädten nicht leben kann. „So braucht man bloß an ein Telefon zu gehen und einige Freunde anrufen, mit denen man sich im Kaffeehause verabredet, und schon ist der Kreis, daß heißt zu einer geistigen oder geselligen Unterhaltung, geschlossen.“ Jene europäische Einrichtung ersetzte „sozusagen eine Wohnung“. Eine solche Heimstätte für angehende Künstler bot das „Café König“, welches sich im engen Häuserkarree zwischen Ring- und Waisenhausstraße befand. Das lesehungrige Publikum schätzte das umfangreiche Angebot an deutschen und internationalen Zeitungen im „Café Central“ am Eingang zur Schlossstraße.

Doch es war ein langer Weg bis dahin. Während sich Dresden unter August dem Starken und seinem später regierenden Sohn zu einer prächtigen Barockstadt entwickelte, kam die Anzahl empfehlenswerter „Kaffeehäuser“ kaum über ein Dutzend hinaus. Die in kleinen Verkaufsgewölben eröffneten Lokale galten als Spielhöllen und besonders gefährliche Orte, wo politische Unzufriedenheit geschürt werden könnte. Der Genuss des neuen Modegetränks galt von seiner gesundheitlichen Wirkung bei der damaligen Ärzteschaft als sehr umstritten. Von nicht wenigen Kirchkanzeln wurde sogar ein Verbot des Kaffeehandels gefordert.

Anders sah es in den 1820er-Jahren aus. In der wärmeren Jahreszeit hatte das öffentliche Kaffeetrinken in den zahlreichen Ausflugslokalen Hochkonjunktur. Neugründungen in der Innenstadt richteten sich nach Wiener oder Pariser Vorbild. Stadtbekannte Konditoren versuchten ihre Verkaufsgeschäfte mit Gästeräumen zu erweitern. Oft scheiterten sie an der strengen Konzessionsverteilung der Stadtoberen. Erst in den 1870er-Jahren entstanden dann die bekannten Kaffeehausadressen, die das Bild der Dresdner Innenstadt prägen werden. Vor dem Ersten Weltkrieg halfen Reisehandbücher dem Dresden-Besucher bei seiner Entscheidung, ob er seine Tasse Kaffee mit oder ohne musikalische Untermalung trinken wollte. Manche neue Kaffeehäuser glichen in ihren Dimensionen schon Ballsälen. Lesehungrige schätzten die in den Inseraten angekündigte große Zeitungsauswahl. Sportfreunde interessierte die Ausstattung des Billardsaals. Nicht wenige werden 24 Stunden geöffnet haben. Das wurde auch in den „Goldenen Zwanzigerjahren" geschätzt. Führende Hotels begannen ehemalige selbst bewirtschaftete Gästeräume zu verpachten. Namen wie „Café Schröder" im Palasthotel Weber (Postplatz), „Rumpelmayer" im „Europäischen Hof" (Prager Straße) oder „Konditorei Prüfer" im „Hotel Stadt Gotha" wurden zu bekannten Adressen.

Diese vorliegende Auswahl einzelner Kaffeehausgeschichten soll neugierig machen. So mancher wird den einen oder anderen bekannten Namen vermissen. Doch es ist kaum möglich, bei einem solchen durch mehrere Jahrhunderte gestalteten Spaziergang überall einzukehren.

Das aus vielen kleinen zeitgenössischen Informationen entstandene Buch soll an die liebenswerte Kaffeehaustradition im alten Dresden erinnern.

1. Der europäische Siegeszug des Kaffees erreicht Sachsen

Nach dem Ende des 30-jährigen Krieges (1618–1648) atmete ganz Europa auf. Endlich waren die Verkehrswege wieder sicher, so dass die Handelsbeziehungen wiederbelebt werden konnten. Über viele Jahrzehnte hatten die Kaufleute des Orienthandels auf das deutsche Absatzgebiet verzichten müssen. Reich geworden durch den Gewürzhandel waren sie immer wieder auf der Suche nach neuen Rohstoffen für die Ernährung. Wie diese zubereitet wurden, lernten sie auf ihren zahlreichen Einkaufsreisen kennen und gaben ihr neu erlangtes Wissen an ihre Abnehmer weiter. Dabei kam es offensichtlich öfters zu Missverständnissen.
Was da geschehen konnte, ist etwa dem Briefwechsel zwischen einem reichen Merseburger Patrizier (Merseburg gehörte damals zum Kurfürstentum Sachsen) und seinem langjährigen holländischen Geschäftsfreund zu entnehmen. Nachdem dieser um 1620 den Teehandel mit China als lukratives Geschäft entdeckt hatte, versuchte er wenige Jahre später die bislang unbekannte Kaffeebohne auf dem Markt zu „platzieren". So schrieb er einen ersten Werbebrief nach Merseburg.

> „... *Da wir nunmehro so lange in ordentlicher und ehrbarer Geschäftsverbindung gestanden, so ermangele ich nicht, Euch gleichzeitig mit diesem eine Probe von dem hier in Amsterdam so schnell eingeführten und beliebt gewordenen „Koffey" einzuschicken, und bitte Euch, Eurer wohllehrbaren Hausfrau anzubefehlen, diese Körner fein zu mahlen oder zu zerstoßen, und dann in Wasser kochen zu wollen. Ich bitte Euch dann, mit Eure Meinung schreiben zu wollen, wie Euch das dieser Trank geschmecket, ich werde Euch sodann den Preis und alles weitere mitteilen. Euer Wohlgezogene van Suiten ...*"

Wie empfohlen zeigte der Merseburger Händler die Rezeptempfehlungen seiner Frau. Aufmerksam las sie die Zeilen. Sie ärgerte sich, war sie doch in ihrer Ehre als gute Köchin gekränkt. Wir können uns vorstellen, dass sie ihrem Ehemann erwiderte. „Dieser Mann in Amsterdam scheint uns für sehr arm zu halten, dass ich diese schwarzen Dinger in Wasser kochen soll. Dir zuliebe werde ich es einmal mit

dem Zeug versuchen. Ich werde aber kein Wasser verwenden, sondern eine kräftigende Fleischbrühe, wie es sich für unseren Stand schickt."
Und so nahm das Schicksal seinen Lauf. Das unbekannte Getränk sollte dem Freundeskreis vorgestellt werden. Am darauf folgenden Sonntag wurden die Freunde zum Festmahl eingeladen. Etwas neugierig und mit gesundem Misstrauen schlürfte man bedächtig diese Speise. Nach der Kostprobe waren auf einigen Gesichtszügen die Zeichen „der heraufziehenden Seekrankheit" auszumachen. Mit ungewohnt schnellem Schritt entfernten sich erste Gäste aus dem Speisezimmer. Ebenso rasch wurde die große Schüssel mit jener eigenartigen Bohnensuppe abserviert. Zur Freude der Hausangestellten. Sie waren nicht so anspruchsvoll und verspeisten jenes merkwürdige Gericht.
Das Ergebnis ließ nicht lange auf sich warten. Das gesamte Personal klagte mehrere Tage über Magenschmerzen und konnte seine Arbeit nicht verrichten. Wütend berichtete der Merseburger Händler seinem Amsterdamer Geschäftspartner über die „Kostprobe des seltsamen Getränkes" und stellte Schadenersatzforderungen. Diese wollte der Amsterdamer van Suiten nicht akzeptieren. Schließlich hatte er doch die Hinweise zur Zubereitung gegeben. Im September 1637 kam es dann zum Abbruch der geschäftlichen Beziehungen. Van Suiten schrieb an den Merseburger Händler.

> *„... Ich habe Eure Pfefferbestellung richtig erhalten, schicke Euch jedoch keinen, da ich auf eine Geschäftsverbindung Verzicht leiste, von welcher ich für meinen guten Willen nur Grobheiten hören muß. Wenn Euer ganzes Personal nach Genuß dieses vorzüglichen „Koffey" krank geworden ist und ihr mir 16 gute Groschen für Arzneimittel in Anrechnung bringen wollt, so muß ich mir das ernstens verbitten ...."*

Er fühlte sich in seiner Ehre verletzt und als Beweis führte er an, „daß die Leipziger einen feineren Geschmack haben, als ihr groben Merseburger". Soeben habe er „5 Ballen Koffey" für die Handelsstadt verladen und „jeder, der dort davon getrunken, lobt es".
Im weltoffeneren und „gelehrten" Leipzig lernte man schneller die richtige Zubereitungsweise des neuen Getränks. Eigentlich verständlich! Trafen sich doch zu Messezeiten zahlreiche weitgereiste

Kaufleute in der Stadt. Jene konnten aus ihrem Erfahrungsschatz die damals notwendigen Schritte hin zu einer Tasse dampfenden Kaffees vermitteln. Die anfängliche Skepsis unterlag der Neugier. Nach den ersten Erfolgen beim Rösten und dem anschließenden Aufbrühen der zu Mehl zerstoßenen Kaffeebohnen, den zustimmenden Worten des Ehemanns oder Hausherren ersetzte das neue Heißgetränk die seit vielen Jahrhunderten bekannten morgendlichen Biersuppen. Dank erschwinglicher Preise war jene Entwicklung in allen Gesellschaftsschichten zu beobachten.

Die Kunde von dem neuen Getränk wurde natürlich auch am Hof des sächsischen Kurfürsten in Dresden vernommen. In einer Einkaufsliste aus den 1670er-Jahren ist auch die Position „Indianischer Art Bohnen-Coffe“ zu finden. In welcher Art jene geheimnisvollen Bohnen zubereitet wurden, ist nicht überliefert. Noch war es ein unbekanntes Getränk aus dem Osmanischen Reich. Es werden die zahlreichen Markthändler gewesen sein, die dem Kaffee zu seinem Siegeszug verhalfen. In den provisorischen Verkaufsbuden am Altmarkt, welche bis in die Wilsche Gasse (Wilsdruffer Straße) standen, wurde an einigen Ständen neben dem gewohnten Warmbier auch Kaffee angeboten. Für höhere Gesellschaftskreise galt damals dieses Gebräu als nicht standesgemäß.

Es brauchte schon seine Zeit, bis der Kaffee in die Küchen der Stadtpalais Einzug hielt. Damals orientierte man sich am französischen Hof und seines Herrschers – dem Sonnenkönig Ludwig XIV.

Im Jahre 1669 wurde Soliman Aga als Sonderbotschafter von Sultan Mahomet IV. am Hofe des Sonnenkönigs akkreditiert. Seine politischen Aufgaben bestanden darin, Ludwig XIV. von einem gemeinsamen kriegerischen Vorgehen gegen die Deutschen zu überzeugen. Zwischen den Audienzen empfing er in einem prachtvollen Palais regelmäßig die Damen der feinen Gesellschaft. Hier wurde erstmals in Paris Kaffee angeboten. Zunächst fand man jenes braune, ungezuckert und bitter schmeckende Getränk scheußlich. Die ebenfalls eingeladenen Höflinge fanden dagegen den Kaffeegenuss als neu und modern. Den Einladungen des Abgesandten aus dem Orient wurde eifrig Folge geleistet.

Schon bald wurde die vornehme Pariser Gesellschaft mit der „Turkomanie“ infiziert. Dies bezog sich nicht nur auf den Kaffeegenuss.

Auch einige Modefreunde kamen auf ihre Kosten. Sie fanden Gefallen an den wallenden Gewändern mit den bunten Farben. Der Dramatiker (und zeitweilige Vergnügungsdirektor Ludwigs XIV.) Molière machte sich in seinen Theaterstücken über diesen neuen Trend lustig. Aufhalten konnte er diese Bewegung aber nicht. Auch die Damen schlossen schließlich mit dem türkischen Getränk Freundschaft. Ein zeitgenössischer Chronist vermerkte: „Die Damen genießen ihn unbeschreiblich, wenn ihr Gemahl ihn häufig trinkt."

Kaffeestrauch. A Zweig mit Blüthen und unreifen Früchten, natürl. Grösse; 1 ausgebreitete Krone, desgl.; 2 Staubgefässe, vergrössert; 3 Stempel mit Kelch, desgl.; 4 Fruchtknoten im Längsschnitt, desgl.; 5 u. 6 Kaffeebohne von der Rücken- und Bauchseite, natürl. Grösse; 7 Frucht im Querschnitt, desgl.; 8 Bohne im Querschnitt, desgl.; 9 dieselbe zerschnitten, um das Würzelchen zu zeigen, vergrössert; 10 Würzelchen, desgl.

Etwas erschreckender wirken da schon die Nachrichten aus dem englischen Königsreich. Zunächst beschäftigten sich nur sehr wenige Ärzte mit diesem Thema. Das änderte sich mit dem Testament von William Harvey (1578–1657), der zu den Entdeckern des menschlichen Blutkreislaufes zählt. Er vermachte dem Londoner Ärztekollegium 56 Pfund Kaffeebohnen, dass die Mediziner sich einmal im Monat beim „Kaffeeplausch" treffen sollten, um ihre Meinungen auszutauschen. Nach dem Selbstversuch gelangten diese später zu der Überzeugung, dass ein Kaffeegenuss im vernünftigen Maße der Gesundheit nicht abträglich sei. In diese Richtung zielte auch ein Inserat in einer Londoner Zeitung vom Juni 1657. Dort hieß es unter anderem:

> *„Ein sehr billiges und gutes Getränk, das viele gute Eigenschaften hat. Es belebt den Magen, stärkt das Herz, fördert die Verdauung, bannt die Hitze, macht den Geist lebhafter, das Herz leichter; ist gut gegen Augenkrankheiten, Erkältungen, Gicht, Verstopfungen, Kopfschmerzen und manche andere Übel."*

Solange Kaffee zu Hause oder im Club getrunken wurde, war auch alles in Ordnung. Unruhe trat erst mit der Gründung öffentlicher Kaffeehäuser auf. Jene entwickelten sich zu einem beliebten Treffpunkt der Männerwelt. Die eine Gruppe der Besucher hoffte gute Geschäfte mit dem Seehandel zu machen. Andere Besucher nutzten die Gelegenheit zu Wettgeschäften. Und es gab nicht wenige Gäste, welche durch Glücksspiele ihre Finanzlage verbessern wollten. Dabei war das Zusammenspiel von Kaffee und Alkohol dem friedlichen Zusammenleben nicht immer förderlich.

Mit Argusaugen betrachteten auch englische Politiker diese Entwicklung. Schließlich wurde in jenen Häusern auch über Politik debattiert. Nicht immer zu Freuden der Regierenden. So kam ihnen der Protest der Londoner Frauen im Jahre 1675 gerade Recht.

Jene befürchteten nämlich, dass ihre Ehemänner lieber ins Kaffeehaus gehen wollten, als das häusliche Daheim zu genießen. In einem Flugblatt wetterten sie gegen das neue Getränk. Unter anderem hieß es darin, dass es schwach und unfruchtbar mache. Weiterhin war die Furcht groß, keine gesunden Kinder zu bekommen.

So wurde der Versuch gewagt, die öffentlichen Kaffeehäuser zu schließen. Generalstaatsanwalt Sir Wilhelm Jones warb vor dem englischen Parlament unter anderem mit dem Argument:

> *„daß in solchen Häusern und durch das Zusammenströmen unzufriedener Elemente in ihnen verschiedene falsche, böswillige und schändliche Nachrichten verbreitet und umhergestreut wurden zur Schmähung der Regierung Seiner Majestät und zur Störung von Ruhe und Frieden im Reich.“*

Das Verbot hatte nur kurzzeitig Erfolg. Dabei hatten auch die Bierwirte diese Initiative unterstützt, weil sie Umsatzeinbußen befürchteten. Auch die Bedenken der polizeilichen Stellen halfen da nicht. Sie hatten auf den penetranten Geruch des Kaffeeröstens hingewiesen, sowie auf die Feuergefährlichkeit dieses Verfahrens.

Doch der Protest war zu groß. Männer aller Gesellschaftsklassen, aller Stände und Parteien gehörten zu den treuesten Kaffeehausbesuchern. Mit dem Klageruf und dem zurückgenommenen Verbot stieg die Beliebtheit noch weiter.

Der eigentliche Siegeszug des Kaffees in Europa beginnt aber in Wien. Die damalige deutsche Kaiserhauptstadt wurde durch die osmanischen Truppen belagert. Andere europäische Herrscher kamen mit ihren Heeren der bedrängten Stadt zu Hilfe. In einer Entscheidungsschlacht am 12. September 1683 konnte der Blockadering zerschlagen werden. In wilder Flucht verließen die Türken ihre Stellungen. Die Wiener öffneten ihre Stadttore und beteiligten sich am Zurückschlagen der feindlichen Truppen. So gelangten sie auch in die türkischen Lager. Gerade sie, die seit vielen Monaten „unter bittersten Entbehrungen litten, finden hier ungeheure Vorräte an Fleisch, Reis und Zucker“. Weiterhin fielen ihnen zahllose Säcke mit seltsamen Bohnen in die Hände. Sie hatten gehört, dass jene zur Zubereitung eines köstlichen Getränkes dienen sollten. Aber damit etwas anfangen konnten sie nicht.

Hier beginnt die Geschichte von Georg Franz Koltschitzky. Er galt als bester Spion jener Tage. Dieser ließ die Säcke mit den seltsamen Bohnen sammeln und bat wenig später die Wiener Stadtverwaltung um Erlaubnis, ein Kaffeehaus eröffnen zu dürfen. Diese Bitte wurde ihm als Dank für seine Arbeit als Späher gewährt. Auf der Donau-

insel Leopoldstadt eröffnete er sein Geschäft und begründet somit eine neue Art des Gastgewerbes.
Das erste deutsche Kaffeehaus wurde 1677 in Hamburg eröffnet. Wenig später folgten Frankfurt am Main und Regensburg. Der „Kaffeebaum“ in Leipzig geht auf das Jahr 1685 zurück.

2. Erste Kaffeehäuser in Dresden – Das spannende 18. Jahrhundert

Bis heute kann die Frage nicht beantwortet werden, wann und wo das erste öffentliche Kaffeehaus in der sächsischen Residenzhauptstadt gegründet wurde. Die Schwierigkeit einer genauen Bestimmung liegt wohl darin, dass es ähnlich den Winkelschänken (nicht legitimierte Unternehmungen) ähnliche Einrichtungen für den Kaffeeausschank gab. So gibt es Quellen, die eine Gründung etwa zeitgleich mit dem 1685 in Leipzig gegründeten Lokal „Zum Kaffeehaus“ vermuten. Andere favorisieren eine Ersterwähnung aus dem Jahre 1711. Letztgenannte Forschungsergebnisse werden wohl dem eigentlichen Gründungsdatum näher liegen. Somit kann auch Dresden auf eine dreihundertjährige Kaffeehaustradition zurückblicken.
Aller Anfang war schwer. Nur zögerlich setzte sich diese neue Art eines gastgewerblichen Betriebes durch. Erste Informationen von der Existenz derartiger Einrichtungen gibt uns Johann Christian Crell unter dem Pseudonym ICCANDERN. Er verfasste eine Stadtbeschreibung unter dem Titel: „Das Fast auf dem Gipffel Der Vollkommenheit Prangende Dreßden – Oder Kurtze doch deutliche Beschreibung Deren In dieser Stadt berühmten Gebäude und Merckwürdigkeiten Wie solche Anno 1719 Nach Vermögen observiret werden“. Im zehnten Kapitel heißt es da unter anderem:

> *„... die öffentlich privilegirten Caffee=Häuser werden von vornehmen Passagiers auch häuffig besuchet, unter demselben ist das Frantzösische auf der Schloß=Gasse das berühmteste, als worinnen sonderlich Abends die vornehmsten Cavaliers und Dames, sich mit Caffee, Chocolade, Rafade, Limenade und Toback divertiren, und die Gazetten in vielerley Sprachen lesen ...“*

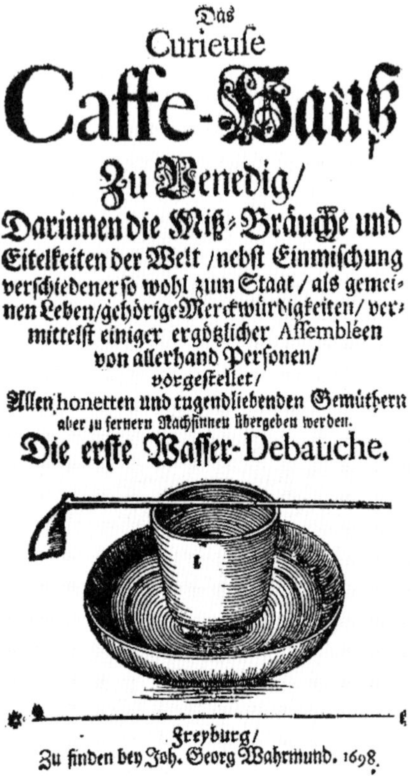
Das
Curieuse
Caffe-Hauß
Zu Venedig/
Darinnen die Miß-Bräuche und
Eitelkeiten der Welt / nebst Einmischung
verschiedener so wohl zum Staat / als gemei-
nen Leben/gehörige Merckwürdigkeiten/ ver-
mittelst einiger ergötzlicher Assembléen
von allerhand Personen/
vorgestellet/
Allen honetten und tugendliebenden Gemüthern
aber zu fernern Nachsinnen übergeben werden.
Die erste Wasser-Debauche.
Freyburg/
Zu finden bey Joh. Georg Wahrmund. 1698.

Kaffeekoppchen mit hochwandiger Unterschale (zum Umgießen) gehören um 1700 zur Standardausrüstung jedes Kaffeehauses. Titelblatt von „Das Curieuse Caffee-Hauß“, Freiburg 1698

In einer Nachauflage aus dem Jahre 1726 ergänzte er jene Aussage noch mit folgendem Satz:

> *„… Gelehrte aber divertiren, sich in dessen 4 öffentlichen Buch=Läden fleißig und frequetire selbige …“*

Es waren jene Zeiten, als sich derartige Einrichtungen nur mit dem zusätzlichen Angebot der neuen Modegetränke wie Kaffee, heiße Schokolade und Kakao unterschied. Das umfangreiche Leseangebot zählte als eine erste Bereicherung. Schmerzlich vermisst wurde aber noch eine örtliche Tageszeitung. Dieses Manko wurde vier Jahre später gelöst. Im Jahre 1730 erschien die erste Ausgabe des „Dresdner Anzeigers“.

Wie in den anderen deutschen großen Städten wurden öffentliche Kaffeehäuser nur zögerlich gegründet. Ganz anders in Paris, London oder Wien. Obwohl es schon viele Liebhaber dieses neuen Modegetränkes gab, wurde es eher in heimischen Salons genossen. Die nachmittäglichen „Kaffeekränzchen“ nahmen hier ihren Anfang. Und vielleicht sprach man auch von der eben komponierten Kaffeekantate des Leipziger Thomaskantors Johann Sebastian Bach, der für einen vernünftigen Umgang mit dem „Türkentrank“ warb.
Im Dresdner Stadtarchiv gibt es eine gut erhaltene Schankakte aus dem Jahre 1742. Hier stellt ein als „Comoediant“ bekannter Schauspieler den Antrag, „Coffee- und Weinschank“ betreiben zu dürfen. Sein Gesuch wurde von den Stadtoberen ohne lange Prüfung abgewiesen. Neben den damals üblichen Gründen, dass für so eine Einrichtung kein „Bedürfnis“ vorliege, war es wohl eher die bisherige Tätigkeit des Antragstellers. Die Befürchtung, dass ein solches Kaffeehaus auch zur politischen Bühne würde, war zu groß. Überhaupt stellten die Dresdner Behörden eine solche Genehmigung nur zögerlich aus. Wutentbrannt beschwerte sich der Antragsteller über die konservative Haltung in der sächsischen Residenz und schloss, dass er dann eben sein Glück in dem weltoffenen Leipzig versuchen werde. Über diese Entscheidung war man in den Amtsstuben keinesfalls böse und die Schankakte schließt sich.
Zeugnis über das bunte Treiben in den ersten Dresdner Kaffeehäusern gibt auch die schon damals übliche Verordnungswut. Letztendlich trug der jeweilige sächsische Kurfürst dafür die Verantwortung, vorbereitet wurden die Beschlüsse aber durch die eifrig agierenden städtischen Behörden. Das war auch nach dem Ende des Siebenjährigen Krieges und den folgenden Friedensjahrzehnten nicht anders. So ist unter dem „Signatum Dreßden den 18. Juni 1788“ folgendes zu erfahren:

> *„... Zu Ihrer Churfürstl. Durchl. zu Sachsen größten Misfallen hat es gereichen müssen, daß denen, so oft wiederhohlten höchsten Anordnungen entgegen, die Hazard=Spiele und das Wetten auf den Kegel=Plätzen und zwar auch von den Bürgern, Bedienteten und Leuten der niedern Volcks=Classe, noch immerfort getrieben, das Geld mutwillig verschwendet, denen Ihrigen entzogen und die Armuth vermehret wird ...“*

Angesprochen waren insbesondere die Besitzer von „Caffee= und Gasthäusern und Schenkstuben". Nachdrücklich wurde ihnen nochmals „eingeschärft", auf die Einhaltung bestehender Regulative zu achten. Ansonsten drohten empfindliche Strafen: Und der Katalog der Androhungen hatte es in sich.

- So waren vor den Mauern der Stadt die ersten Kaffeegärten entstanden. Unverzichtbar war der dazugehörige „Kegelschub". Es dauerte nicht lange, bis sich eine Wettkultur auf die Sieger entwickelte. „Zwanzig Thaler" Strafe drohten, wenn der Schankwirt ein solches Treiben duldete.
- Und jenes Strafmaß wurde verdoppelt, wenn sie das spielsüchtige Treiben mit der Bereitstellung von „Charten oder Würfel" unterstützten. Bis zu „Hundert Thaler" hatten selbst die „unvermögenden Wirthe" dem Verlierer zu ersetzen. Gleichzeitig drohte ihnen eine dreimonatige Gefängnisstrafe.

Schon damals gab es professionelle Spieler, welche ihren aufwändigen Lebensstandard so finanzierten. Jenen, „welche junge Leute debauchiren, und sonst betrüglich handeln", drohte bei Überführung eine zweijährige Zuchthausstrafe.
Für besonders schützenswert hielt man damals die Angehörigen der sächsischen Armee. Zu schnell konnte ein junger Rekrut, aber auch ein Angehöriger der Unteroffiziersränge von seinen eigentlichen Aufgaben abgelenkt werden.
Eine negative Entwicklung, welche man schon einige Jahrzehnte vorher beobachtet hatte. Besserung hatte man sich bereits drei Jahre vorher erhofft. Denn schon damals wurde über verbotene Spiele aufgeklärt. Die eindringliche Warnung vom 7. Mai 1785 verkündete im Wortlaut:

„*... Da, vermöge derer von Zeit zu Zeit ertheilten hohen Ordres, denen Unter=Officiers und Gemeinen bey dem Churfürstl. Sächs. Militari alles Spielen um Geld oder Geldwerth schlechterdings verdorben werden; Als wird solches hierdurch zur öffentlichen Wissenschaft gebracht, auch insonderheit denen Gast= und Schankwirthen, ingleichen denen Caffeeschenken, zur Nachachtung bekannt gemacht, und Obrigkeitswegen männiglich verwarnet, daß, wer solches gestattet, oder Vorschuß darzu thut, mit nach-*

drücklicher Strafe beleget werden solle; Und, damit Niemand mit Unwissenheit sich entschuldigen könne, ist gegenwärtiges in allen Schenk= und Gasthäusern anzuschlagen …“

Jene Warnungen schienen nicht ihren eigentlichen Zweck erfüllt zu haben. Nur so lässt sich die Androhung von schärferen Strafen erklären. Dass dieses Mal auch konsequenter auf die Einhaltungen der Bestimmungen geachtet wurde, bekam der Kaffeehausbesitzer Perrini (Altmarkt / Ecke Schreibergasse) zu spüren. In den 1790er-Jahren bewirtschaftete er neben einigen kleinen Stuben auch einen „großen Saal“. Jener wurde gern für Ballveranstaltungen genutzt. Zur wärmeren Jahreszeit öffnete er zudem seinen Kaffeegarten vor den Toren der Stadt. Jener befand sich in der Wilsdruffer Vorstadt und entwickelte sich recht bald zu einem beliebten Ausflugsziel. Ein Zeitzeuge berichtet:

„Ungestört und ohne an Rang gebunden zu seyn, kommen hier alle Klassen von Menschen zusammen jedoch hat bei Perrini der Officier gewissermaßen den Vorrang.“

Bereits wenige Jahre später ist zu erfahren, dass wegen verbotener Spiele dem Kaffeewirt die Gewerbeerlaubnis entzogen wurde. In einem satirisch verfassten Artikel wird um 1805 seiner gedacht. Das von ihm geschaffene Kaffeehaus sei „die wahre Dresdner Börse“ gewesen, hieß es als Fazit.

In den unruhigen Zeiten der Napoleonischen Feldzüge war es schwer, eine solche Einrichtung wieder neu zu gründen. Die Entwicklung der Dresdner Kaffeehäuser stagnierte.

3. Die Wortschöpfungen „Blümchenkaffee“ und „Kaffeesachsen“ entstanden im 18. Jahrhundert

Es gibt Bezeichnungen, die sich seit vielen Generationen durch den deutschen Sprachgebrauch ziehen. Zeitgenössische Reiseschriftsteller tragen zur Verbreitung bei. Die ursprüngliche Bedeutung der Wörter wird dabei sehr unterschiedlich interpretiert. Sehr oft ent-

steht so ein Zerrbild und nichts erinnert mehr an die eigentliche Entstehungsgeschichte der Wortschöpfung.
So wird der Reisende im 19. Jahrhundert bei seinem Dresden-Besuch vergeblich nach einem **„Blümchenkaffee“ (sächsisch: „Bliemchengaffee“**) Ausschau gehalten haben. Auch wenn er gelesen hatte, dass der hier angebotene „Türkentrunk“ so dünn sei, dass das Blumendekor auf dem Tassenboden zu erkennen sei. Schließlich kam es so weit, dass dem preußischen König Friedrich II. dieser Ausspruch unterstellt wurde.
Forschungen im Archiv sagen aber etwas ganz anderes. Der Begriff „Blümchenkaffee“ wird zum ersten Mal in dem 1729 erschienenen Buch „Der Dreßdnerische Mägde=Schlendrian“ erwähnt. Es ist wohl möglich, dass der Autor bei verschiedenen Einladungen eine solche Beobachtung gemacht hatte. Doch woher sollte das damalige Hauspersonal das richtige Kaffeemaß kennen? Schließlich war es nicht so weit herumgereist wie der Verfasser. Und natürlich wurde schon in jenen Jahren das kostbare „Kaffeemehl“ gestreckt, so dass der „moderne Trunk“ qualitativ sehr unterschiedlich sein konnte. Es war also alles eine Frage der Reinheit der gerösteten Kaffeebohnen und dem richtigen Maß. So ist die Wortschöpfung „Bliemchengaffee“ eine liebevolle Umschreibung erster sächsischer Kaffeezubereitungen.
Auch das Wort **„Kaffeesachsen“** wird gerne verwendet. So wird der Eindruck erweckt, in Sachsen werde viel mehr Kaffee getrunken als in anderen deutschen Ländern. Dem ist aber nicht so. Vielmehr lässt sich diese Wortverbindung mit der Entwicklung der Meissner Porzellanmanufaktur in Zusammenhang bringen. Während in Nürnberg Kaffeemühlen für den neuen Markt produziert wurden, lieferte das Kurfürstentum Sachsen das entsprechende Kaffeegeschirr. Die neuen kostspieligen Produkte fanden Abnehmer in vielen europäischen Ländern. So waren es Sachsen, die das Kaffeetrinken zu einer Kultur machten.
Doch es gab noch andere Gründe, den „Siegeszug des Kaffees“ im mitteldeutschen Raum in Verbindung mit den Sachsen zu bringen. Der sächsische Kurfürst August der Starke und später sein Sohn reagierten bei der Einführung des neuen Modegetränkes nicht so rigoros wie im benachbarten preußischen Königreich. Hier stand

der Handel mit den wertvollen Bohnen unter strengster behördlicher Aufsicht. Das dazu geschaffene Staatsmonopol bestimmte die Preise und Verteilung. Privatwirtschaftliche Konkurrenzunternehmen wurden nicht zugelassen. An den Landesgrenzen versuchten die Grenzbeamten, die illegale Einfuhr von Kaffeebohnen zu unterbinden. Die verhassten „Kaffeeriecher" walteten ihres Amtes und durchsuchten das Gepäck der Reisenden.
Verständlich, dass an der langgezogenen sächsisch-preußischen Ländergrenze der „Kaffeeschmuggel" blühte. Das Kurfürstentum wurde zum Stützpunkt vieler einfallsreicher Händler. Strenge Strafen für derartige Geschäfte im sächsischen Raum waren kaum zu erwarten. Und im benachbarten Preußen gab es zahlreiche Abnehmer für dieses wertvolle Genussmittel. Vermutlich entstand in jener Zeit im Volksmund der Ausdruck „Kaffeesachsen".
Die Wortschöpfungen „Kaffeesachsen" oder „Blümchenkaffee" scheinen unsterblich zu sein. Historiker oder Geschichtsforscher suchten und suchen nach ihrer eigentlichen Bedeutung. Eine schlüssige Antwort ist noch nicht gefunden. Doch die Diskussion um diese Begriffe macht auf alle Fälle Appetit auf eine Tasse Kaffee. Damals wie heute.

4. Die neue Popularität des Kaffeegenusses nach der Franzosenzeit

Dresden im letzten Jahrzehnt des 18. Jahrhunderts. Zahlreiche französische Emigranten bevölkern die sächsische Residenzhauptstadt. Einige fanden Unterkunft in den Stadtpalais befreundeter adliger Familien. Andere richteten sich als Dauergäste in den Gasthöfen ein. Noch hofften sie auf ihre Heimreise nach Frankreich und der Wiederherstellung der Monarchie. Träume, die zunächst nicht in Erfüllung gingen. Und sie werden kaum die Kaffeehäuser in den engen Gassen ihres Exils vermissen. Warum auch? – hatten doch die Debattierrunden in einigen bekannten Pariser Kaffeehäusern den Ausbruch der Französischen Revolution im Jahre 1789 befördert.

So hatte das einheimische Gastgewerbe wohl kaum eine Konkurrenz zu erwarten. Viele Gastwirte wollten die unbeliebte Konkurrenz der „Kaffeewirthe“ los werden. Auch die städtischen Aufsichtsbehörden verhielten sich sehr zögerlich, um einem derartigen neuen Unternehmen überhaupt eine Gewerbeerlaubnis auszustellen. Bereits bestehende genehmigte kleine Kaffeehäuser unterlagen einer strengen Aufsicht. Lediglich verbrieftes Recht ermöglicht es etwa einigen Südeuropäern, ihren primitiv geführten „Kaffeeausschank“ fortzuführen.

Diese Situation änderte sich auch nicht, als der sächsische König und Napoleon Bündnispartner wurden. Einquartierte Soldaten bestimmten das Straßenbild. Die verhängte Kontinentalsperre drosselte den Kaffeeimport. Die Preise schnellten in die Höhe. Eine stetige Warenzufuhr galt nicht als gesichert. Verständlich, dass in jenen unruhigen Jahren kaum einer auf den Gedanken kam, in der sächsischen Residenzhauptstadt Dresden ein Kaffeehaus zu gründen. Das Geschäftsrisiko war groß und versprach keine Gewinne.

Wohl kaum einer ahnte, dass bereits in den ersten darauf folgenden Friedensjahren der Kaffeegenuss zu einem neuen „Siegeszug“ antrat. Ähnlich wie in anderen deutschen Großstädten nahm das öffentliche Kaffeetrinken seinen Anfang in den vielen Ausflugslokalen am Rande der Stadtgrenzen. Insbesondere zur wärmeren Jahreszeit konnten sich die Wirte über eine zahlreiche Kundschaft freuen. Sonntägliche Familienausflüge waren oft mit einer Einkehr in einem der zahlreichen Gästegärten verbunden. Und die erschwinglichen Preise für Kaffee, Bier, Wein oder Branntwein machten solche Besuche für einen großen Teil der Dresdner Bevölkerung möglich. Hinaus aus den engen Gassen der Innenstadt, hinein in die herrliche Naturlandschaft! Sehen und gesehen werden! Für die gutbürgerlichen Familien spielte sich dieses vor den nicht mehr existierenden Toren und Mauern der Stadt ab. Öffentliches Kaffeetrinken wurde modern.

5. Das „dritte Belvedere“

Dresden im Jahre 1814. Die vergangenen Kriegsereignisse hatten tiefe Spuren hinterlassen. Napoleon wurde in der Völkerschlacht bei Leipzig vernichtend geschlagen. Der sächsische König stand unter Arrest. Auf dem Wiener Kongress wurde über das weitere Schicksal des Königreiches Sachsen verhandelt. Die Sachsen hatten als Verbündete Napoleons auf der falschen Seite gestanden. Bis endgültige Entscheidungen getroffen wurden, residierte in Dresden der russische Großfürst Repnin-Wolkonski. Ihm oblag die Aufgabe, die Ordnung des öffentlichen Lebens aufrecht zu erhalten.
Gleichzeitig hieß es aber auch, den Handel und Gewerbe wieder zu beleben. Dazu gehörten Maßnahmen, den Fremdenverkehr anzukurbeln. Als besonders erfolgversprechend erwies sich die Öffnung der „ehemaligen „Brühlschen Gärten“. Innerhalb von wenigen Jahren entwickelte sich das Areal auf dem ehemaligen Festungswall zu einer neuen „Sehenswürdigkeit“ Dresdens. Hier konnte man sich nach anstrengenden Erkundungstouren durch die engen Gassen der Altstadt, dem Bestaunen barocker Baukunst oder den Besuch der „Königlichen Sammlungen“ erholen.
Die ersten Besucher konnten über eine kleine, hölzerne Treppe am Brühlschen Palais die in Vergessenheit geratene Gartenanlage

Ansicht des „Belvedere“ (Nachfolgebau) auf der Brühlschen Terrasse. Lithographie, um 1850

erreichen. Da deren Benutzung jedermann freistand, wurde diese auch reichlich genutzt. So erinnert sich zwei Jahrzehnte später ein Zeitzeuge. Seine Eindrücke fasste er mit folgenden Satz zusammen:

> *„Die köstliche Aussicht von seiner Höhe auf den Elbstrom und den Dresden umgebenen Kranz von Gebirgen, mit Reben und Waldung bepflanzt, war sogar sehr vielen Einheimischen eine ganz neue Erscheinung.“*

Durch den unerwarteten Besucherandrang war man zu weiteren Baumaßnahmen gezwungen. Der provisorische Zugang wurde durch eine steinerne Treppe ersetzt. Die verwilderten Gartenanlagen bekamen wieder ein gepflegtes Aussehen. Und am Ostende des Areals entstand ein Promenadenrestaurant. Architekt Christian Friedrich Schuricht schuf dafür die notwendigen Pläne. Der klassizistische Interimsbau konnte sich bereits wenige Wochen nach seiner Eröffnung über ein zahlreiches Stammpublikum erfreuen. Zur wärmeren Jahreszeit schätzten die Kaffeeliebhaber insbesondere den Aufenthalt im angeschlossenen großen Gästegarten.
Natürlich nur jene, welche sich die hohen Preise leisen konnten. Aristokratisch ging es hier zu. „Man ist in guter Gesellschaft, und diese schließt, wie von selbst, ohne Gendarmen oder Barriere den Pöbel aus“, erfährt man in einem Bericht aus den 1830er-Jahren. Auch sächsische Minister oder am Königlichen Hof tätige Gesandte verschmähen es nicht, in den Abendstunden hier einzukehren. Und natürlich auch die vielen zahlungskräftigen „auswärtigen Gäste“, welche dem Ort einen Hauch eines internationalen Treffpunktes gaben. Die Entwicklung der Brühlschen Terrasse zum „Balkon Europas“ nahm ihren Anfang. Fortsetzung fand sie in der kompletten Umgestaltung des Areals am Anfang der 1840er-Jahre. Mit den Modernisierungen wurde man dem steigenden Fremdenverkehr gerecht und natürlich auch den gewachsenen Ansprüchen jener Gäste.
So entsprach auch das „dritte Belvedere“ nicht mehr den Vorstellungen einer vornehmen Kaffeehausadresse in jener Zeit. Seine gastronomische Nutzung hatte Grenzen und insbesondere bei Regenwetter reichte die Kapazität im Gebäude kaum aus, den vielen

Gästen ausreichenden Schutz zu bieten. Über Säle „zur Abhaltung von größeren Festlichkeiten" verfügte es nicht. Und es gab schon die ersten Spötter, welche sich in ihren Schriften über die armselige Ausstattung lustig machten.
Hofbaumeister Otto von Wolframsdorf war gefragt, um eine ganzjährige Versorgung der zahlreichen Gäste zu ermöglichen. Er ließ das Gebäude abtragen und schuf mit dem sogenannten „vierten Belvedere" einen neuen gastronomischen Zweckbau. In unterschiedlichen Abteilungen hatte nun der jeweilige Pächter die Möglichkeit, seine Kundschaft von der Vielseitigkeit Dresdner Gastlichkeit zu überzeugen. Neben dem neu geschaffenen vornehmen Speiserestaurant gab es zwei großen Säle, welche für Konzerte oder zur Abhaltung von größeren Banketten genutzt werden konnten. Eine hauseigene Konditorei und der große Kaffeegarten erinnerten über viele Jahrzehnte an die Anfänge.

6. „Findlater's Kaffeehaus" am Rande der Stadt – ab 1821

Eigentlich sollte es ein Altersruhesitz werden. Der 1747 geborene englische Graf Findlater entstammte einem alten schottischen Adelsgeschlecht. Großer Grundbesitz und dazugehörige Einnahmen wurden ihn bereits in die Wiege gelegt. Weiterhin machte er sein Geld als Fabrikbesitzer. Er hatte aber für das damalige puritanische England einen Makel. Er liebte Männer mehr als Frauen. Als dieses bekannt wurde und Skandale folgten, musste er schließlich seine Heimat verlassen. Ein Reisender wider Willen durchquerte Europa. Aufgrund seines Reichtums spielte Geld für ihn keine Rolle. Bleibenden Eindruck hinterließ in ihm die herrliche Landschaft der Loschwitzer Weinberge. Die Verkaufsverhandlungen mit den zahlreichen Weinbergsbesitzern überließ er seinem Sekretär Christian Fischer. Ein ansehnliches vereintes Areal ermöglichte dann wenig später den Bau eines Palais.
Graf Findlater starb bereits am 3. Oktober 1811 und konnte den hier angedachten seinen Lebensabend nicht mehr genießen. Als Allein-

Ansicht des ehemaligen „Findlaterschen Palais". Kupferstich, um 1825

erben hatte er seinen treuen Mitarbeiter eingesetzt. Jener versuchte sich mit Teilverkäufen aus dem Erbe über Wasser zu halten. Erst zehn Jahre nach dem Tod seines großzügigen Gönners entschloss er sich auch das Filetstück einschließlich Palais zu veräußern. Den geeigneten Käufer fand er in dem angesehenen Gasthofbesitzer Johann Gabriel Krebs. Dessen Fremdenhof „Goldener Helm" auf der Wilsdruffer Gasse konnte sich schon seit vielen Jahrzehnten über zahlungskräftige Kundschaft freuen. Unter seinen Nachfolgern wird es unter den Namen „Hôtel de France" eine der bekanntesten Adressen in Dresdens Altstadt sein. Ihn persönlich lockte aber schon längst eine neue gastronomische Herausforderung. Beim Kauf des Grundstücks hatte er bereits konkrete Pläne zur wirtschaftlichen Nutzung des Palais.
Am 29. April 1821 fand dann die Eröffnung „der an der Bautzner Straße gelegenen neuen Wirtschaft, Findlaters genannt, statt", heißt es in der Tageschronik von Daniel Taggesell. Anfängliche Skepsis wegen der weiten Entfernung zu Dresdens Innenstadt hielt sich nicht lange. Der erfahrene Gastwirt hatte das Bedürfnis vieler potentieller zahlungskräftiger Gäste erkannt, insbesondere zur wärmeren Jahreszeit hinaus aus den engen Gassen und hinein in die Natur zu wollen. „Luftorte" und „Kaffeegarten" wurden in einem Atemzuge genannt. Trotz eines großen Speise- und Getränkeange-

bots wurde die neue Ausflugslokalität erst einmal „Kaffeehaus Findlater" genannt.
Es lohnt sich, einmal in die Reisebuchaufzeichnungen des Kammerherrn Carl von Voß zu schauen. Erstmals kehrte er hier am 31. Mai 1822 ein. Seine „Wandergruppe" war auf dem Rückweg vom Weißen Hirsch über die Mordgrundbrücke in Richtung Dresden. „Wir erreichen ziemlich ermüdet und erhitzt Findlaters Kaffeehaus", lässt er seinen Lesern wissen. Sehr schnell stellten sie fest, dass es hier bei weitem nicht so einsam war wie sie erwartet hatten. Der Terrassengarten war auch in dieser vorabendlichen Stunde gut besucht und es gab auch musikalische Untermalung durch eine kleine Kapelle. Die Gruppe entschloss sich, „ein sehr frugales Abendessen, aus kalter Schale und gespicktem Braten bestehend," zu sich zu nehmen. Der als angenehm empfundene Besuch fand aber bei der präsentierten Rechnung einen ärgerlichen Abschluss.
Eine bittere Erfahrung, die der Kammerherr auch schon in anderen Ausflugslokalitäten machen musste, auch wenn er als Reisebegleiter seines Herrn nicht in die eigene Tasche greifen musste.

> *„... Die Prellerey in den besuchtesten Ausflugsorten um Dresden ist wirklich unerhört und eine Schande für die hiesige Polizey. Wer ruhig zu Hause bleibt, der kann hier ziemlich wohlfeil leben; wer sich aber an den Schöpfungen der Natur wie der Kunst erfreuen will, muss jeden Schritt bezahlen, jeden Genuß mit Geld aufwiegen ..."*

Und weiter heißt es:

> *„... So werden insbesondere die Fremden durch Trinkgelder aller Art, durch Führerlohn, Botenlohn und lange Rechnungen in eine ganz unverantwortliche Kontribution gesetzt ..."*

Eine Woche später gab es noch einmal einen Anlass, „Findlaters Kaffeehaus" zu besuchen. Am 7. Juni war „zur Feyer des Jahrestages der Rückkehr des Königs von Sachsen nach Dresden auf Findlaters Weinberg table d'hôte und Musik angekündigt." Diesmal auf dem Wasserwege – mit einer Gondelfahrt auf der Elbe – erreichte die Reisegesellschaft ihr Ziel. Diesmal ein ganz anderes, unerwartetes Bild:

„… Zu unserer großen Verwunderung fanden wir aber keine Gesellschaft als die der unthätigen und sehr übel gelaunten Musiker, indem entweder die Hitze oder ein anderer Grund die Dresdner abgehalten hatte, der Einladung zu folgen. Ich befand mich deshalb nicht schlimmer, und ich glaube die übrigen auch nicht, denn wir wurden jetzt umso besser bewirtet und bedient. Wir erlaubten uns auch einen Exzeß und stachen eine Bouteille Champagner auf das Wohl des alten Königs aus …“

Ein Zeitsprung in die 1830er-Jahre. Schon längst wird in den handlichen Reisebüchern den Gästen ein Besuch bei „Findlaters“ empfohlen. Je nach Empfinden des Autors wurde es als „Luftort“, „Kaffeehaus“ oder „Ausflugslokal“ an der Flurgrenze zwischen Loschwitz und der Landeshauptstadt Dresden angepriesen. Unter den prominenten Gästen befanden sich E. T. A. Hoffmann, Richard Wagner oder der bekannte Verleger Heinrich Brockhaus. Wilhelm von Kügelgen berichtet in seinen „Jugenderinnerungen“ von den Besuchen auf den weitläufigen Terrassenanlagen. Im August 1833 habe „das Schießen der Kommunalgarde, die unten in der Ebene ihre Übungen abhielt, die stille Abendlandschaft belebt“, teilte er seinen Lesern mit. Oft wurden zur wärmeren Jahreszeit hier die Nachmittage verbracht. Abends folgte der Heimweg in die Stadt in einer gemieteten Gondel.

Im Jahre 1840 konnte der Gründer Johann Gabriel Krebs auf fast zwanzig Jahre erfolgreiche Tätigkeit in diesem Areal zurückblicken. Schon lange war er auf der Suche nach einem geeigneten Nachfolger. Kurz vor seinem Tod verkaufte er zusammen mit einem Nachbargrundstück diesen Besitz für 33.000 Taler an einen Leipziger Privatmann. Doch seine Hoffnung ging nicht in Erfüllung.

Nur wenige Jahre später ging das nach dem Käufer benannte „Schindlersche Anwesen“ in Konkurs. Ob es nun an den hohen Unterhaltungskosten oder der fehlenden gastgewerblichen Berufserfahrung lag, ist nicht mehr zu klären. Vielleicht waren es aber auch die ausbleibenden Ratenzahlungen. So kam es zu einer Versteigerung des Besitzes. Den Zuschlag erhielt die Witwe des Gründers Krebs. Und jene hatte mit dem wiedererworbenen Besitz nur ein Ziel: „Findlaters“ wieder zu einer beliebten Einkehrstätte zu machen.

Doch ihre Bemühungen waren nicht von Erfolg gekrönt. Die Kaffeegärten im Kgl. Großen Garten hatten sich zu einer starken Konkurrenz auf der Altstädter Seite entwickelt. Jene waren für den auswärtigen Besucher mit einem Spaziergang weitaus preiswerter zu erreichen. Die damalige Pferde-Omnibuslinie hatte ihre Endstation an der „Waldschlößchen-Restauration". Schon damals empfand man die Fahrpreise als zu hoch. Der Fußweg bis zu „Findlater's" schreckte nicht wenige Gäste zusätzlich ab. So blieb man lieber bei dem Spezialausschank der Brauerei, dessen Terrassenanlage ebenfalls einen herrlichen Panoramablick auf die sächsische Residenzhauptstadt bietet.
Schweren Herzens entschloss sich im Jahre 1846 die Witwe Krebs zum endgültigen Verkauf. Der neue Eigentümer Graf von Luckner hatte große Umbaupläne, welche auch teilweise in Angriff genommen wurden. Wie weit oder ob er überhaupt noch eine gastgewerbliche Nutzung in Betracht zog, liegt im Unbekannten. Einen Großteil seines Vermögens verlor Luckner durch die Mairevolution im Jahre 1849. Als wenige Jahre später das Schloss Albrechtsberg mit prächtigen Parkanlagen entstand, war das Areal für die breite Öffentlichkeit nicht mehr zugänglich. Die beliebte „Kaffeehausadresse am Rande der Stadt" hat gerade einmal 25 Jahre existiert.

7. Aufstieg und Ende erster bedeutender Kaffeehausgründungen in der Dresdner Innenstadt

Die Wiener schätzten ihr Kaffeehaus, die Berliner ihre Konditoreien und die Dresdner ihre sogenannten „Italienerläden". Allen drei war gemein, dass sie ein neues Modegetränk populär machten. Und sie bestärkten auch den Mut, es auch in der Öffentlichkeit zu genießen. An das traurige Schicksal zweier ehemals stadtbekannter Kaffeehausadressen sei an dieser Stelle erinnert. Ihre Gründung verdanken sie hier ortsansässig gewordenen Italienern.
Es wird wohl um 1780 gewesen sein, als der italienische Kaufmann Bussetti am Eingang der „Neustädter Allee" (Hauptstraße) – unweit vom Goldenen Reiter – in einem provisorisch errichteten Holzver-

schlag sein Geschäft eröffnete. Damals gab es in einer langen Reihe viele ähnliche Verkaufsstände in Richtung Bautzner Platz. Eifriges Verkaufsgeschehen prägte das Bild. Als wenige Jahrzehnte der Handel auf den Neustädter Markt begrenzt wurde, verschwanden die vielen Bretterbuden.

Lediglich die vom Dresdner Volksmund liebevoll benannte „Grüne Bude“ bestand weiter. Schon damals gab es darüber Spekulationen. Nicht wenige vermuteten, Bussetti habe von hohen sächsischen Behörden ein vererbbares Konzessionsrecht erhalten. Oder war es nur der einträgliche Standort, welchem dem Kaffeehauswirt, aber auch der städtischen Verwaltung weitere erhebliche Einnahmen versprachen? Schließlich zahlte Bussetti nicht unerhebliche Steuern.

Die „Grüne Bude“ am Neustädter Markt war weit über die Stadtgrenzen Dresdens hinaus populär. Um dieses Bild zu verdeutlichen, lohnt sich ein Blick in die Zeit um 1800. Schon damals gab es eine Flaniermeile der „ganz feinen Welt“ angehörigen Gesellschaftsschichten. Ihren Anfang nahm sie in der Schlossstraße, in der es zu jeder Tagesstunde wimmelte von Gardereitern in Prachtuniformen. Unterbrochen wurden diese Eindrücke „von Prachtequipagen mit Läufern in reich mit Silber= und Goldtressen besetzten Livreen in allen Farben“. Und natürlich von vielen „prachtvollen Damentoiletten“.

Die „Grüne Bude“, links im Vordergrund, hatte einen fragwürdigen Ruf.

Im „Hôtel de Pologne" fand das zahlungskräftigste auswärtige Publikum seine standesgemäße Unterkunft. Sehen und gesehen werden, hieß es schon damals. Die einen schätzten das Angebot der Königlichen Chaisenträger, welche ihre Station am Eingang der Schlossstraße zum Altmarkt hatten. Andere wählten den Spaziergang.
Ihr Weg führte sie über ihre Schlossbrücke zur Neustädter Elbseite. Und ein zeitgenössischer Chronist berichtet:

> „*... Am Eingang der Allee stand eine gründe Bude, einige Salons enthaltend, worinnen eine Konditorei befindlich. Diese war der Sammelplatz der hohen feinen Welt; bei schönem Wetter standen Tische und Stühle bis auf die halbe Allee, nur von Offizieren, Gesandten, Adel und den feinsten Damen besetzt ...*"

Und so ging es den ganzen Tag zwischen Schlossstraße und Neustädter Markt hin und her. Natürlich unter den neugierigen Blicken „der zweiten Klasse der feinen Welt". So waren die Bänke in den Brückenpfeilern bis in den späten Abendstunden von ihnen besetzt. Nur selten sah man in jenen Jahren unter dem schaulustigen Publikum eine „ehrbare Bürgersfrau mit ihren Töchtern".
Relativ unbeschadet überstand die „Grüne Bude" die Franzosenzeit und die Kriegsereignisse im Jahre 1813. Ein neues Stammpublikum entwickelte sich in Biedermeierzeiten. Der Hochadel hatte mit der Öffnung der „Brühlschen Gartenanlagen" und dem Bau des „dritten Belvedere" schon längst eine neue Promenade nebst Kaffeehaus. Ihre Stelle übernahmen Vertreter des aufstrebenden Bürgertums. Und auch so mancher vielgereister „Glückssucher" wurde unter den neuen Gästen ausgemacht.
Das Bild wandelte sich. Die „Grüne Bude" wurde zunehmend von Dresdens Frauenwelt verabscheut. Draußen saß die „fashionable Männerwelt" beim Kaffee und musterte eindringlich die Damen. Es gab nicht wenige Stimmen, die den Abriss der unzeitgemäßen Konditorei forderten.
Schwierige Zeiten also für den Konditor Wazau, der Anfang der 1830er-Jahre die „Grüne Bude" bewirtschaftete. Aber vielleicht waren die kritischen Meinungen für den Geschäftsbetrieb auch förderlich. Zumindest erhöhte es den Bekanntheitsgrad. Und auch

zeitgenössische Reisehandbücher gaben darüber Auskunft, von welchen Gästen der kleine Kaffeehausbetrieb hauptsächlich besucht wurde:

> *„... Sie wird in Sommerszeiten besonders von denen, welche das Lincke'sche Bad oder das Balltheater besuchen, entweder auf dem Hin- oder Herwege benutzt, um daselbst eine beiläufige Erholung sich zu gönnen und sich zu dem bevorstehenden weitläufigen Wege Kräfte zu sammeln ...“*

Die „Grüne Bude“ gehörte auch in den kommenden Jahren zu einer festen Kaffeehausadresse Dresdens. Bis zu der verhängnisvollen Nacht vom 31. März zum 1. April 1837. Keine zehn Minuten waren vergangen, dass die mitternächtlichen Glockenschläge den neuen Tag eingeläutet hatten. Ein „donnerähnlicher Knall“ weckte „die Umwohner der sogenannten ‚Grünen Bude‘ auf der Neustädter Allee aus dem Schlafe.“ Schnell war die Ursache klar. Eines der ältesten Kaffeehäuser Dresdens war einem Sprengstoffattentat zum Opfer gefallen.
Personen kamen nicht zu Schaden, aber der über viele Jahrzehnte bestehende improvisierte Bau war nicht mehr zu retten. Trotz intensiver polizeilicher Ermittlungen konnte der Täter nie ausgemacht werden. Hartnäckig hielten sich über viele Jahrzehnte Gerüchte, dass es ein junger Artillerieoffizier gewesen war, der in seinem weiteren Lebensverlauf zu den höchsten Würdenträgern des sächsischen Staates gehören sollte.
Weniger dramatisch ging es bei Carlo Chiappone zu, der in einem der zahlreichen Verkaufsgewölben unweit des Schlosses eine Delikatessenhandlung gründete. Berühmtheit erlangte er, weil er einer der teuersten und beliebtesten Italiener in der Mitte der Dresdner Altstadt war. Als zuvorkommend und sehr höflich wurde er beschrieben. Seine teuren Preise nahm man ihm nicht übel. Schließlich hatte sich hier im angeschlossenen „Probirstübchen“ einer der ersten Stammtische der „Dresdner Romantiker“ etabliert. Hier konnte man den Dichter Ludwig Tieck, „hinter einem Austernberge fast verschwindend, genießerisch sitzen sehen.“ Am Ofen lehnte Friedrich Kind, der das Libretto zu Carl Maria von Webers Oper Freischütz geschrieben hatte und huldigte dem Rheinwein. Weitere

damalige bekannte Geistesgrößen Dresdens waren zu entdecken. Und auch der Komponist Carl Maria von Weber ließ es sich nicht nehmen, mindestens zweimal in der Woche hier einzukehren.
So erinnerte sich der Sohn Max Maria von Weber in den 1860er-Jahren an diese Einkehrstätte:

„… Hier, fast an der Ecke dieser und einer anderen, ähnlichen Straße, der Wilsdruffergasse, dämmert das Licht von zwei rötlich brennenden Astrallampen aus einem kleinen Laden, von dessen Decke Salami di Verona, Trüffelwürste, Pommersche Gänsebrüste, Bayonner Schinken in phantastischen Formen bis auf den Hut des Eintretenden herabhängen und dämonisch gestaltete Schlagschatten an die Decke werfen. Auf den langen Verkaufstische liegen Lachse, Seefische und Haufen von Südfrüchten, stehen Terrines aux truffes du Perigord, Kaviarfäßchen und gewaltige grüne Käseglocken …“

Wenn sein Vater in den abendlichen Stunden eintraf, fand er immer jemanden, mit dem über Gott und die Welt debattiert werden konnte. Mancher Geistesfunken wurde so hier gezündet. Doch auch so manches lustig erzählte Erlebnis oder eine überlieferte Posse sorgten für ausreichende Heiterkeit.
„Chiappone“ zählte wenige Jahre später bereits zu einer Sehenswürdigkeit in der Altstadt. Davon berichtet Ernst Scherzlieb in seinem 1830 erschienenen Büchlein „Dresden wie es ist“. Fachkundig von einem Ortsansässigen begleitet, seien sie auch an dem hellerleuchteten „Kaffee- und Weinladen“ vorübergekommen.

„Dieser kellerartige Laden, sprach unser Führer, ist für unsre litterarisch=artistische Hauptstadt das, was Lloyds Kaffeehaus für das politische London ist. Man nennt ihn durch eine sonderbare Uebereinkunft im Unrichtigen, Schapponi's Weinhaus, obgleich der Mann Chiappone heißt, denn in Dresden, dem einzigen Ort in Deutschland, der noch eine italienische Bühne hat, ist es ein Grundsatz, keinen italienischen Nahmen richtig auszusprechen.“

Nachdem die unterschiedliche Schreibweise und Aussprache erklärt war, kam der Ortsführer ins Schwelgen über diese aus Dresden nicht mehr wegzudenkende Institution.

Hier wurden die neuesten politischen und literarischen Neuigkeiten und Anekdoten ausgetauscht. Unter den Stammgästen fanden sich immer genügend Erzähler, Abnehmer und „Verbreiter“. Von den damals „250 Mahlern und Bildhauern der Hauptstadt“ waren gewiss immer einige hier zu finden. Und weiter heißt es:

„*… Händler en gros und en détail finden sich hier ein, und Kunst= und Litteratur=Menschen aller Farbe und Art schöpfen nur Begeisterung aus Chiapponi's Weinfässern und aus seinen Austerntöpfen …*“

Letztendlich kam er bei seinen weiteren Erklärungen zu dem Fazit:

„*… Dies ist das Tivoli der schönen Geister, das Eldorado der Gutschmecker der Tummelplatz unsrer politischen Kannengießer, das Rendezvous der Laune, der Satyre, und der große Markt der litterarischen, politischen und scandalösen Klatschsucht …*“

Doch so richtig konnte er mit seinen Vergleichen mit Kaffeehausgründungen in Paris, Neapel, Venedig, Wien oder Berlin nicht überzeugen. Irgendwie ähnelten sie allein von ihrer Ausstattung her ärmlichen „Buden“. Ernst Scherzlieb besuchte „Chiappone“ nur selten. Wenn er es dann tat, war es die Neugier auf das illustre Stammpublikum. Und er fasste seine Milieustudien mit folgenden Worten zusammen:

„*… Schmutz und Unordnung schrecken mich zurück; allein ich trete nie ein, ohne gewisse stereotype Figuren hier zu finden, die hier hinter Champagner= oder Madeiragläsern von den Spruch irgend eines mächtigen Zauberers festgebaut zu seyn scheinen.*

Dies ist die Stunde des Rendezvous, und ich könnte Euch mit mathematischer Gewißheit verkünden, welche Grafen, welche Mahler, welche Professoren und welche Abentheurer Ihr hier finden würdet, wenn ihr einträtet; ja, welche Poeten und Novellisten hier noch am Morgen ihm Platz haben würden, schlosse unsere nüchterne Polizei diese Glasthüren nicht um Schlag elf Uhr …“

Die Zeit schien irgendwie stehengeblieben zu sein. Da half auch nicht die Erinnerung an die ehemals prominenten Stammgäste. Und die neuen tonangebenden Dresdner Künstler, Komponisten

und Architekten hatten schon längst ein neues Stammlokal. Sie trafen sich in „Engels Restauration" am Postplatz. Unter anderem gehörten in den 1840er-Jahren auch Richard Wagner und Gottfried Semper dazu. Der Name „Chiappone" geriet ins Vergessen und der Geschäftsbetrieb wurde aufgegeben.
Die beiden Italiener Bussetti und Chiappone machten das Kaffeehaus auf unterschiedliche Weise in Dresden populär. Sie fanden dabei Freunde und Feinde. Kaffee war auch schon im Angebot, fand aber nicht so viel Beachtung wie die vielfältige Auswahl an Speisen und Weinen. So ist es zumindest aus den Berichten damaliger Zeitzeugen zu entnehmen. Das braune Getränk wurde von den Besuchen nur zögerlich bestellt. Zahlreiche Zitate jener Zeiten belegen, dass lieber ein Glas Bier oder ein Schoppen Wein bestellt wurden.

8. Der schwierige Anfang einer neuen Kaffeehaustradition – „Café l'Europe" am Altmarkt – 1828

Im Frühjahr 1828 kam der junge Zuckerbäcker August Baldini nach Dresden. In der Schweiz aufgewachsen, lernte er über acht Jahre lang bei seinem Bruder in Marseille das Konditorhandwerk. So konnte er

Das „Café l'Europe" umwehte ein Hauch von Wien und Paris.

auch 15.000 Francs ansparen. Mit diesem Startkapital wollte er den Schritt in die Selbstständigkeit wagen. Ein geeignetes Verkaufslokal fand er in einem Haus am Altmarkt. Bevor er aber seine Konditorei eröffnen konnte, musste er den Antrag auf das städtische Bürgerrecht stellen. Dies war die Grundvoraussetzung für den notwendigen Konzessionsschein. Nach Überprüfung seiner Vermögensverhältnisse und der beruflichen Eignung erhielt er schließlich wenig später die Erlaubnis zur Betreibung eines Konditoreigeschäftes.
Es gelang ihm ein guter Start. Seine angebotenen Zuckerbackwaren überzeugten sehr schnell die zahlungskräftige Kundschaft. Steigende Fremdenverkehrszahlen brachten ein zusätzliches Publikum. So war es nur folgerichtig, dass er neben dem Konditoreigeschäft auch ein Kaffeehaus einrichtete. Er orientierte sich bei der Einrichtung an „dergleichen Etablissements in den größten Städten Europas“. Dazu gehörte eine luxuriöse Inneneinrichtung, wie sie in Dresden bisher noch nicht zu sehen war. Ein Hauch von Wien und Paris umwehte das Haus am Altmarkt. Weiterhin berichtet Baldini:

> „*… Eine der reichhaltigsten Lektüren, die kostspieligsten französischen englischen und teutschen Tagesblätter und Journals wandeln jenes Institut, und gewähren dem Publikum reichhaltigen und geistigen Genuß …*“

Schon nach ganz wenigen Jahren gehörte August Baldini zu den bekanntesten Konditoren und Kaffeehausbesitzern in der sächsischen Residenz. Natürlich betrachteten die einheimischen Berufskollegen mit Argusaugen den schnellen Erfolg des „Fremden“. Ein Konkurrent, der Konditor und Kaffeehausbesitzer Friedrich August Erler (Ecke Altmarkt / Seegasse) entschloss sich im Jahre 1831, Beschwerde beim Stadtrat einzureichen. Er hatte herausgefunden, dass Baldini keine Erlaubnis zum Ausschank von Kaffee hatte. Ein sofortiges Verbot sollte ausgesprochen werden. Schließlich drohten mit diesem illegalen Ausschank erhebliche Umsatzeinbußen für die anderen Kaffeehausbesitzer.
Am 27. September 1831 musste August Baldini in der Dresdner Rathausstube erscheinen und Stellung zu den gegen ihn erhobenen Vorwürfen nehmen. Er wusste nicht, dass eine Erweiterung seines

Konditoreigeschäftes eine besondere Genehmigung bedurfte. Die geforderte Schließung würde für ihn ein bedeutender Verlust bedeuten. Viel Geld hatte er in die Ausstattung seines Kaffeehauses investiert. Das Gästepublikum dankte es ihm mit zahlreichem Besuch. Eine plötzliche Schließung würde einen sehr „üblen Eindruck" auf seine Gäste machen und auch sein Ruf wäre geschädigt. Umfangreiche behördliche Untersuchungen auf kommunaler und Landesebene folgten. Viele rechtliche Fragen waren zu klären. Schließlich wurde Ende März 1832 beschlossen, dass er den Kaffeehausbetrieb fortführen dürfe. Die Klage des Konditors Erler wurde abgewiesen. „Café l'Europe" entwickelte sich in den nächsten zwei Jahrzehnten zu einer beliebten Adresse. Reisehandbücher empfehlen den unbedingten Besuch. In den Sommermonaten bot er in einem provisorischen Verkaufszelt auch seine Waren auf der Brühlschen Terrasse an. Später wird an diesem Standort das „Café Reale" errichtet. Pächter Torniamenti hatte bei Baldini das Konditoreihandwerk gelernt.

9. Erinnerungen an den bekannten Konditormeister Torniamenti und das „Café Reale" auf der Brühlschen Terrasse – ab 1830

Im April 1830 startete der 26jährige Johann Hercules Samuel Torniamenti seine Karriere in Dresden. Seine erste Arbeitsstätte war das zwei Jahre vorher gegründete „Café l'Europe" am Altmarkt. Eigentümer Baldini war sehr schnell mit dem fachlichen Können seines neuen Angestellten zufrieden. Bereits in jenen Jahren wurden die von ihm hergestellten, mit unterschiedlicher Füllung versehenen Pasteten sehr geschätzt.

Nach den ersten Jahren des beruflichen Erfolges fand er auch im Privatleben sein Glück. Er lernte eine junge Dresdnerin kennen. Doch die Jungverliebten konnten nicht ahnen, welche behördlichen Schwierigkeiten sie zu bewältigen haben würden. Er ein Italiener, sie eine Sächsin und beide wollten sie nicht ihre Staatsbürgerschaft aufgeben. Ein zweijähriger Briefwechsel um die Genehmigung der

Das ehemalige „Café Torniamenti“ auf der Brühlschen Terrasse, 1843.

Hochzeit folgte. Der Stadtrat von Dresden tat sich schwer, eine erforderliche Erlaubnis zu geben. Zu kompliziert erschien die Rechtslage. Erst im August 1836 kam eine positive Antwort.
Das junge Paar hatte mittlerweile ein Kind. In jenem Jahr hatte Torniamenti ein lukratives Angebot von dem Grafen Stroganoff aus Petersburg erhalten. Als Haushofmeister sollte er dort tätig werden. Vielleicht überzeugte die Stadtoberen letztendlich sein Argument: „wenn auf der Reise mir ein Unglück zustoßen sollte“, wäre durch meine Hochzeit „für mein Kind gesorgt und demselben sowohl die Legitimität als der Anspruche auf Unterstützung und Erbtheils von meinen Eltern dann erworben ist“.
Im März 1838 kehrte das junge Paar nach Dresden zurück. In der Heimatstadt seiner Frau wollte Torniamenti sich selbstständig machen. Er fand dafür auch ein geeignetes „Local“ auf der Großen Frauengasse. So bittet er um das hiesige Bürgerrecht. Dies war die Voraussetzung, um ein Geschäft zu eröffnen. Bereits etablierte Dresdner Konditoren erfuhren von dem Gesuch an den Dresdner Stadtrat. Gemeinsam wehrten sie sich gegen eine neue Konkurrenz. „Das Bedürfnis (...) sei nicht gegeben“ und schließlich gebe es schon über sechsundzwanzig gleiche Einrichtungen in Dresden. Ihre Eingabe hatte schließlich kurzzeitig Erfolg.
Torniamenti arbeitete weiterhin als Angestellter und empfand diese Zeit als nutzlos vertan. Er verwies auf seine Kunstfertigkeit und

beruflichen Erfahrungen und ließ auch sein angespartes Kapital nicht unerwähnt. Und er verweist auf seinen Dresdner Lehrmeister, den Konditor Baldini.
Erst am 3. Februar 1841 erhielt er das Bürgerrecht der Stadt Dresden. Dieses eröffnete ihm endlich die Möglichkeit, sich selbständig zu machen. Vermutlich war er nach seiner Rückkehr in Dresden führend im „Café de la ville de Milan" tätig. Später übernahm er die Leitung des Hauses.
Zwei Jahre später errichtete der Hofbaumeister Otto von Wolframsdorf ein neues Gaststättengebäude auf der Brühlschen Terrasse. Das „Café Reale" hatte er in Form eines kleinen griechischen Tempels entworfen. Er hatte eine gewisse Ähnlichkeit mit der Neuen Wache am Theaterplatz. Es gab drei Innensalons. Der in der Mitte wurde als Verkaufsraum genutzt. Weiterhin gab es ein Spielzimmer (sicherlich Billard, ein in Dresden beliebter Sport), einen Raucher- sowie einen Konversationsraum. In den wärmeren Jahreszeiten wurden vor den Seitenflügeln des Gebäudes Tische und Stühle aufgestellt.
Als Pächter übernahm es Torniamenti. Dank des idealen Standortes entwickelte sich der neue „Kaffeetempel" zu einem beliebten Treffpunkt. Es gibt wohl nur wenige Reiseführer aus der Mitte des 19. Jahrhunderts, die nicht einen Besuch empfehlen. Auch die kriti-

Das „Café Reale" war einem griechischen Tempel nachempfunden.

schen Reiseschriftsteller jener Zeit konnten diese Lokalität nicht unerwähnt lassen. Die einen lobten und die anderen nörgelten. Den Erfolg des gastronomischen Unternehmens konnten auch sie nicht verhindern. So oder so, das „Café Reale“ – später trug es auch den Namen des ersten Pächters – wurde weit über die sächsische Residenzhauptstadt bekannt.

Mitte der 1860er-Jahre zog sich Torniamenti aus dem aktiven gastronomischen Geschäft zurück. Sein langjähriger Oberkellner Gottlob Lamm übernahm die Bewirtschaftung. Die jährliche Pacht an die sächsische Landesbehörde betrug 1.400 Taler. Weitere erfolgreiche Jahrzehnte folgten.

Mitte der 1880er-Jahre hatte der Dresdner Stadtrat schon längst den Bau der neuen Kunstakademie beschlossen. Diesem Neubau an der Brühlschen Terrasse musste das „Café Reale“ weichen. Anfang Oktober 1886 ließ es sich der mittlerweile 80-jährige Torniamenti nicht nehmen, ein letztes Mal seine Spezialitäten zu servieren. Mit „silberweißem Haar“ nahm er Abschied von seiner langjährigen Wirkungsstätte. Im Jahre 1890 verstarb er nach einem erfüllten Berufsleben. Auf dem alten Katholischen Friedhof in Dresden-Friedrichstadt wurde er bestattet. Die prächtige Grabstätte kann man noch heute besichtigen.

Aber noch weitere Spuren vom ehemaligen „Café Reale“ sind im heutigen Dresden zu finden. Die vier ikonischen Säulen des Portikus wurden 1887 in den Neubau des Logierhauses „Zum goldenen Apfel“ – im damaligen Vorort Klotzsche – integriert. Am Haus Wolgaster Straße 7 sind sie der Nachwelt erhalten geblieben.

10. Die „Ruegersche Wirtschaft“ – Kaffeetrinken im Geburtshaus der „Gustel von Blasewitz“ im Kgl. Großen Garten

Friedrich Schiller hat der Johanne Justine Segedin ein literarisches Denkmal gesetzt. In seinem „Wallenstein” heißt es im Fünften Auftritt: „Was? Der Blitz! Das ist ja die Gustel aus Blasewitz.“ Sie arbeitete im Schankgut Blasewitz, wo sie auch Schiller kennenlernte.

Die Abbildung zeigt das ehemalige westliche Torhaus des Großen Gartens (Geburtshaus der Gust'l von Blasewitz), in dem sich später ein beliebter Kaffeegarten etablierte.

Angeblich soll der Dichter sich in die schöne Bedienung verliebt haben, doch diese erwiderte seine Liebe nicht. Stattdessen heiratete sie den Senator Renner, überlebte ihn sowie ihre Kinder und starb am 24. Juli 1856. Das ehemalige Schankgut in Blasewitz ist noch heute erhalten. Baulich durch die Jahrhunderte hinweg öfters verändert, lädt der „Schillergarten" zum Besuch ein.
Dagegen verlor Gustels Geburtsstätte – das ehemalige Torwächterhaus im Großen Garten (am südlichen Eingange nach Strehlen) – schon im letzten Drittel des neunzehnten Jahrhunderts seine gastronomische Bedeutung.
Ursprünglich diente der Große Garten auch als Fasanengehege. Eine hohe Mauer ringsherum sorgte für den ausreichenden Schutz. Vier Tore führten hinein. Mittlerweile gab es auch den für höfische Spiele gelegenen Mitteltrakt. An jedem der obengenannten Eingänge befand sich ein kleines Wärterhaus. Hier hatten bestellte Landesangestellte den Besitz des sächsischen Kurfürsten zu schützen. Ab der zweiten Hälfte des 18. Jahrhunderts erhielten jene Torwächter auch die Genehmigung, Speisen und Getränke auszuschenken. Was zunächst als kleiner Nebenverdienst angesehen wurde, entwickelte sich recht schnell zu einer festen Einnahmequelle.

Im Jahre 1756 erhielt der ehemalige kurfürstliche Leib-Jagdkutscher Johann Christoph Segedin die Torwächterstelle am südlichen Eingange nach Strehlen. Zwei Jahre davor erlitt er einen schweren Reitunfall. Davon erholte er sich nie wieder richtig. Für die schwere Arbeit war er nicht mehr tauglich, und er wurde auf diese Stellung versetzt.
Am 5. Januar 1763 gebar ihm seine Frau Johanna Dorothea eine Tochter. Das Mädchen erhielt die Vornamen Johanne Justine. Ein Jahr später verstarb der stolze Vater. Seine Witwe war gezwungen die Dienstwohnung ihres Mannes zu räumen. Auf der Suche nach einer neuen Erwerbsmöglichkeit ersteigerte sie das Schankgut in Blasewitz. Die alleinerziehende Mutter mit drei Kindern übernahm die Bewirtschaftung. Wenige Monate später verheiratete sie sich wieder. Über vier weitere Kinder konnte sie sich mit ihrem neuen Ehemann Carl Friedrich Fleischer freuen.
Doch zurück zum Geburtshaus der „Gustl von Blasewitz“. Jenes entwickelte sich in den ersten Jahrzehnten des 19. Jahrhunderts zu einem beliebten Kaffeeausschank.
Hier vergaßen die Altstädter ihre Sorgen. Sie schätzten die „stille Ländlichkeit“ und den Blick über die Felder. Hohe Silberpappeln und der „verträumt dahinrinnende Kaitzbach“ vervollständigten das Panorama. Und am Horizont waren die Häuser des Dorfes Strehlen zu erkennen. Auch der bekannte Maler Ludwig Richter kehrte hier gern ein. Sie schätzten ebenso die Billigkeit der Preise der ausgeschenkten Getränke. Kaffee und hausgebackener Kuchen gehörten dazu. Nach dem Tode des Gastwirtes Rüger heiratete die Witwe den „Auktionsgehilfen“ Hoch. Das neue Paar bewirtschaftete die beliebte Einkehrstätte weiter. Zeitgenössische Reiseführer empfehlen weiterhin einen Besuch. Aus dem Jahre 1846 ist zu erfahren, dass dieser Ort insbesondere von dem mittleren Bürger- und Beamtenstande zahlreich besucht wird.
Bei der Errichtung des Zoologischen Gartens wurde es in den Aktionsbereich mit einbezogen. Spätestens nach der Erbauung neuer Restaurationsmöglichkeiten in diesem Areal, geriet es in Vergessenheit. Zuletzt fand es noch als Schuppen und Wirtschaftsgebäude Verwendung. Schließlich wurde es gänzlich abgetragen, um neuen Anlagen Platz zu machen.

11. Einem Schneidermeister verdankte die „Picardie“ im Königlichen Großen Garten seinen Namen

Anfang der 1830er-Jahre galt der östliche Ausgang des Königlichen Großen Gartens gastronomisch als unterbesetzt. Schon längst hatten sich die prächtigen Anlagen zu einem der beliebtesten nahen Ausflugsziele gemausert. Liebevoll sprach man auch von der „grünen Lunge“ der sächsischen Residenzhauptstadt. Zahlreiche Naturfreunde wollten ihre Wanderung in einem Kaffeegarten beenden. Am liebsten wäre es ihnen, wenn sie dafür nicht den Park verlassen müssten.

Die nächste Möglichkeit zur Einkehr war das beliebte Ausflugslokal „Grüne Wiese“ in Gruna. Eine Stunde Fußweg war von der Dresdner Altstadt einzuplanen. Das war vielen zu weit. Das wussten auch die Lokalbetreiber. So kamen sie bereits Anfang des 18. Jahrhunderts ihren Gästen entgegen. Lange Zeit waren sie berechtigt „sämtliches Backwerk an Kuchen, Butter- und Fastenbrezeln usw. im Garten frey und ungehindert durch Weiber herumtragen zu und an hohe und niedere Personen verkaufen zu lassen“.

So genehmigte die Königliche Gartenverwaltung Mitte der 1830er-Jahre eine neue Einkehrmöglichkeit. Erster Pächter war August Pickardt. Jener hatte ursprünglich das Schneiderhandwerk gelernt. Irgendwann tauschte er dann aber die Nähnadel gegen den Korken-

Die „Picardie“ und die beiden Torpfeiler am Ende der Hauptallee, um 1845.

Die neue „Picardie" nach ihrem Umbau 1901.

zieher. Er wurde Gastwirt und konnte sich aufgrund des hervorragenden Standortes über zahlreiche Gäste freuen.
Ein Reisehandbuch aus dem Jahre 1842 empfiehlt die „schöne Aussicht auf die nahen Gebirgshöhen und auf die fernen Felskegel des Königsteins und Liliensteins in der sächsischen Schweiz, so wie auf das Schloß Sonnenstein in Pirna". Und auch der Blick auf die nahe Elblandschaft war noch nicht verbaut. Den besten Blick hatte man von der ersten Etage des Gebäudes. Die erfolgreiche Bewirtschaftung der neuen Lokalität gestattete es August Pickardt sich bereits in den 1840er-Jahren aus dem Geschäft zurückzuziehen. Die verschiedenen Schreibweisen „Pickert'sche Wirtschaft", „Pickardie", „Picardie" oder „Pikardie" erinnerten seine Nachfolger an den Gründer. Und gleichzeitig erweiterten sie das Freizeitangebot. In jenem Jahrzehnt entstand ein „Kegelschub" im Gästegarten. Erfrischende Getränke, kalte Speisen, Kuchen und frisch gebrühter Kaffee ermöglichten so einen angenehmen Aufenthalt. Und selbst Kritiker lobten den hier angebotenen Kakao.
So konnte sich die „Pickardie" über das gesamte 19. Jahrhundert hinweg über eine zahlreiche Stammkundschaft erfreuen. Und es gab auch einige, deren morgendlicher Besuch einem Ritual glich. Eine „Kleine Lebensstudie" über Dresden – erschienen vor über hundert Jahren – berichtet davon.

Fast jeden Tag sah man ein seltsames Paar durch den Großen Garten spazieren gehen. Ein „baumlanger" Herr, dem seine ebenfalls sehr große Tochter folgte. „Mit langsamen angemessenen Schritten" ging der Vater voran. Schweigend folgte das Mädchen in „gleichem Schritt und Tritt". Ihr Ziel war die „Pickardie". Hier bestellten sie dann zwei Tassen Kaffee. Dazu wurde eine Buttersemmel verzehrt. Ihre Bestellungen änderten sich bei ihren häufigen Besuchen nie. Gesprochen haben beide nur selten in dieser Ausflugsgaststätte. Gestärkt ging es dann wieder auf derselben Weise auf den Heimweg. Das seltsame Paar mit dem merkwürdigen Gang war mittlerweile stadtbekannt. Irgendjemand hatte herausbekommen, dass der ältere Herr stotterte. Ein Komiker am Hoftheater hatte ihn eines Tages täuschend ähnlich nachgeahmt. Das Publikum wusste wer gemeint war und brach in schallendes Gelächter aus. Natürlich war der hochgewachsene Privatier über diesen Auftritt sehr erzürnt. Er verklagte den Komiker „Räder" auf Unterlassung. Jener nutzte aber selbst den Gerichtssaal als Bühne. Und auch die Richter konnten sich ein Schmunzeln nicht verkneifen. Auf den Hinweis: „Aber Herr Räder! Lassen Sie das doch! Sie sprechen ja sonst ganz fließend" antwortete der Angeklagte „Ja ja ja, Herr A-A-Amtmann, doch da-da-das ist nur Verstellung."
Schließlich kam es zu einer gütigen Einigung. Weiterhin kehrte der Privatier mit seiner Tochter in der „Pickardie" ein. Gute Miene zum bösen Spiel. Als aber die beiden treuen Stammgäste vermutlich Dresden mit unbekanntem Ziel verließen, wurde viel spekuliert. Und wo konnte man besser klatschen, als in einem Kaffeehausgarten. Irgendwie wurde das „seltsame Paar" schmerzlich vermisst. Und ein Hauch von schlechtem Gewissen blieb sicherlich bei einigen haften.

Doch als Johannes Renatus diese Beobachtungen aufschrieb, hatte die damalige Königliche Gartenbauverwaltung und der Pächter Friedrich Wilop ganz andere Probleme. Schon längst war bekannt, dass die alten Gebäude einem der „Neuzeit" entsprechenden Bau weichen sollten. Starker Protest regte sich gegen diese Pläne und wurde auch in der örtlichen Tagespresse ausgetragen. So gab es im Sommer 1901 letztmalig „jeden Mittwoch – frische Eierplinzen"

und „jeden Freitag – Käsekeulchen“ in dem alten Gebäudekomplex. Im September erfolgte dann im „Dresdner Anzeiger Nr. 245“ die Ausschreibung durch das Königliche Landesbauamt Dresden II.
So richtig angenommen wurde der neue gastronomische Zweckbau von den zahlreichen Stammgästen aber nicht. Ihnen fehlte die vertraute Atmosphäre. Schwierige Jahre folgten für die langjährige Pächterfamilie Wilop. Neue Gastwirte folgten dann in den 1920er-Jahren. Unter anderem auch der Begründer der Dresdner Bauernschänke, Richard Richter. Doch auch seine Popularität half nicht in der Zeit nach dem Ersten Weltkrieg. Die folgenden Inflationsjahre erschwerten zusätzlich das gastgewerbliche Geschäft. So gab denn der letzte Pächter im Spätsommer 1939 das Geschäft auf.
Eine neue Ausschreibung gab es nicht mehr. Auch so kann eine über hundertjährige Kaffeegartentradition ihr Ende finden. Unter dem 20. März 1941 ist aus der örtlichen Tagespresse zu erfahren:

> *„Die Pikardie wird dem Ministerium für Volksbildung für die Ausbildung der landwirtschaftlichen und gartenbaulichen Berufs- und Fachhochschullehrkräfte bis zu einem geplanten Neubau eines Geländes, zu Verfügung gestellt.“*

Heute nutzt die Universität das im Zweiten Weltkrieg unzerstört gebliebene Gebäude. Ein Blick auf den Stadtplan gibt Aufschluss, dass es am Ostende des Großen Gartens noch einen Platz „An der Picardie“ gibt. Eine Erinnerung an ein beliebtes Ausflugslokal.

12. „Café francais“ – Areal Waisenhausstraße / Ringstraße / Gewandhausstraße – Die Kaffeehausadresse im 19. Jahrhundert

Wie kamen die Kaffeehäuser zu ihren Namen? Erstaunliche Parallelen lassen sich mit der Entwicklung der altansässigen Dresdner Gastwirtschaften am Anfang des 19. Jahrhunderts feststellen. In den ersten Jahrzehnten wurde auf jeden Fall der Name des Besitzers erwähnt. Doch spätestens mit der Anbindung der sächsischen Residenzhauptstadt Dresden an das Eisenbahnnetz in den 1830er-Jahren änderte sich diese Praxis. Bezeichnungen wie „Gasthof", „Speise- oder Kosthaus" sowie „Kaffeehaus" mit Namenszusatz des Besitzers galten als nicht mehr modern. „Hôtel", „Restauration" oder „Café" klangen da schon eleganter. So gab es in vielen großen deutschen Städten – insbesondere in denen der Handel und Fremdenverkehr eine große Rolle spielt –, ein „Café francais". So auch in Dresden. Es befand sich im Eckhaus zwischen Waisenhaus- und Ringstraße, dort wo es sich damals mit der Gewandhaustraße kreuzte.

In den Zeiten der Gründung (vermutlich Ende der 1830er-Jahre) war es „ausschließlich ein mit seiner Konditorei verbundenes Kaffeehaus, in dessen Räumen und schattigen Vorgarten" sich „die elegante Welt der Residenz traf". Weiterhin schreibt ein damaliger Zeitzeuge in seinen Erinnerungen:

> *„... Der Besitzer dieses vielbesuchten Lokales war der Konditor und Kaffeekoch Kretzschmar, ein Herr mit äußerst eleganten Auftreten, stets nach der neuesten Mode gekleidet, weshalb man ihn das „Dresdner Modejournal" nannte. Kretzschmar hatte ursprünglich feuerrotes Haupthaar, führte die Kopfzier aber mit einem tief schwarzen, glanzerzeugten Mittel und pomadisierte sich das Haupt derartig, daß es wie eine blankgeputzte Kugel ausschaute. Auch dieser Glanz ist verblichen ..."*

Viele Jahre wird er für die Qualität vom „Café francais" mit seinem Namen bürgen. In den vielen zeitgenössischen Reisehandbüchern wurde bereits ein Besuch des Kaffeehauses empfohlen. So zum Beispiel auch im Jahre 1865, als in Dresden das erste Sängerbundesfest stattfand. Dort wird es mit der zusätzlichen Mitteilung „Wo auch der bekannte Schachklub Dresdens seinen Sitz hat" vorgestellt.

Lohnenswert ist es auch in den Tagebuchaufzeichnungen der jungen Ehefrau des berühmten russischen Schriftstellers Fjodor Dostojewski zu blättern. Am 9. Mai 1867 schrieb sie:

> *„... Heute Morgen ging Fedja ins Café Francais Zeitung lesen, während ich versuchte, die Adresse der Bibliothek zu erfahren, in der man russische Bücher entleihen konnte ..."*

Drei Wochen später ist zu erfahren:

> *„... Heute haben wir uns den ganzen Tag nicht gestritten. Das ist*

ein gutes Zeichen. Ich hatte die Bücher mitgenommen, um sie in der Bibliothek umzutauschen. Neue Bücher sind immer noch nicht gekommen – ich glaube, daß uns dieser zerzauste Mensch nur hinhält und überhaupt keine russischen Bücher mehr bekommt …“
„… Er ging ins Café Francais Zeitung lesen, während ich die Bücher nach Hause trug und dann ins Café nachkam, um noch eine Tasse Kaffee zu trinken. Dann wußten wir nicht, was wir unternehmen sollten, für einen Ausflug in die Umgegend war es zu spät. …“

Meist endete es dann doch mit einem Besuch im Großen Garten in einem der Kaffeehausgärten. Diesmal beschloss man, den anstrengenden Tag mit einem Besuch im Zoologischen Garten zu beenden. Und für den oft mürrischen Dostojewski war auch der Heimweg nicht weit. Schließlich hatten sie aus Kostengründen eine private Wohnung dem teuren Hotelleben vorgezogen. Und das Haus in der Johannesstraße war nur wenige hundert Meter von dem Treffpunkt entfernt.
Ein Jahrzehnt später hatten bereits viele alte Dresdner Kaffeehäuser ihren ursprünglichen Charakter verloren. Neue Pächter vom „Café francais“ hatten sich letztendlich den Bedürfnissen ihrer Gäste anzupassen. Und so heißt es im Jahre 1882 in einem Gesamturteil eines Fremdenführers:
„… Eigentliche Kaffeehäuser, wie Wien, Prag, München etc. haben und der Süden sie liebt, besitzt Dresden wenig. Ihre Stelle vertreten zahlreiche Konditoreien, in denen nur in bestimmten Zimmern geraucht werden darf, man findet meist eine Auswahl der gelesensten Zeitungen, kalte und warme Getränke, leckeres Backwerk, Gefrorenes etc. …“

Jene Aussage bestätigen auch die Werbeannoncen um die Jahrhundertwende. Im April 1904 wurde das historische „Café Francais“ noch einmal vollständig renoviert. Als neuer Pächter wird der erfahrene Gastwirt Max Tögel genannt. „Größtes Familienrestaurant“ und „Erste Biere“ waren in der Anzeige zu lesen. Den Charakter eines der ältesten Dresdner Kaffeehäuser hatte es schon längst verloren. Vermutlich wurde bereits vor dem Ersten Weltkrieg der Geschäftsbetrieb aufgegeben. Vielleicht war es aber auch gut so. So blieb ihm eine Verdeutschung des langjährigen Namens erspart. Oder man hätte wie beim altehrwürdigen „Hôtel de France" in der Wilsdruffer Straße den Namenszug erst einmal mit einem weißen Tuch verhängt.

13. „Robert Beyer's Conditorei und Café" – Wilsdruffer Straße 20 – 1870

Am 10. Oktober 1870 richtete der in Dresden noch unbekannte Konditor Ernst Robert Beyer ein Gesuch an den Stadtrat. Er bat um einen Gewerbeschein und die Erlaubnis, im Haus Marienstraße 28, ein Geschäft eröffnen zu dürfen. Sein Gesuch wurde positiv beschieden. Wenige Jahre später zog er mit seiner Konditorei in die attraktive Wilsdruffer Straße. Er trug sich mit dem Gedanken, sein Geschäft mit einem angeschlossenen Café zu erweitern. Nach Antragstellung erhielt er Ende 1876 die „Concession zur Verabreichung von Likören und warmen Getränken". Hier ist die Geburtsstunde vom späteren „Café Robert Beyer" zu vermuten. Zwei Jahre später verlegte er seine Konditorei in das Haus Wilsdruffer Straße 20.

Im Gegensatz zu den meisten anderen Kaffeehäusern was das „Café Beyer" nur tagsüber geöffnet.

Außenfront der „Konditorei Beyer“

Schon wenige Jahre später wird sein Geschäft in den damaligen Reiseführern lobend erwähnt. Zum Beispiel in einem Hotel- und Gaststättenführer aus dem Jahre 1880. So gab es ab „früh 9 Uhr Bouillon mit Pastetchen, Café, Cacao, Chocolade, vorzüglich Gefrorenes, Amerikanische Eisgetränke, Reichhaltiges Conditorei-Büfett grosse Auswahl in Café, Thee, Frucht- und Dessert-Bäckereien“. Weiter wird erwähnt, dass es hier um ein „feinstes und elegantes Etablissement ohne Tabakrauch“ handelt.

Auf einer der ersten in Dresden veranstalteten Kochkunstausstellungen im Jahre 1876 erhielt Beyer für seine gebackenen Stollen eine Medaille. Stets garantierte er die Verwendung frischer Butter. Sein Personal lieferte bei Bestellungen ins Haus. Der Stollen wurde auch versandt.

Im Mai 1897 meldete er sein Gewerbe ab. Er hatte mittlerweile das fünfundsiebzigste Lebensjahr erreicht. Es fanden sich neue Pächter, die unter seinem Markennamen das Unternehmen erfolgreich weiterführten. Dies bestätigt eine Werbeannonce aus dem Jahre 1906. In jenem kleinen Inserat wurde jeder Satz mit seinem Namen begonnen.

– *Robert Beyer's Damencafé; Wilsdruffer Straße 20;*
Rendezvous der Provinz
– *Robert Beyer's Elektro-Konditorei;*
Delikate Erzeugnisse der Konditoreikunst
– *Robert Beyer's Sultanina-Christstollen;*
Siegeszug durch die ganze Welt
– *Robert Beyer's weltberühmtes Versand- und Bestellungsgeschäft;*
– *Robert Beyer's delikate Kaffeetafel – Kuchen täglich frisch,*
ca. 20 Sorten, extrafeine Qualität.

Eine gründliche Sanierung des Kaffeehauses erfolgte im Jahre 1908. In den Gasträumen wurden die Decken und Wände mit reichlicher Vergoldung neu bemalt. Neben einer neuen Deckenbeleuchtung trugen „eine größere Anzahl angebrachter künstlerisch ausgeführter Messing= und Bleiverglasungen viel zur Verschönerung bei". Bequeme Polstermöbel machten einen Aufenthalt noch behaglicher und bequemer. Doch nicht nur die Verkaufsräume wurden neu eingerichtet. Die Decken des Hauses mussten neu gestützt werden. Da sich die Produktionsräume in den oberen Etagen des Hauses befanden, mussten die Decken des Hauses mit Eisenträgern gestützt werden. Nur so war es möglich, „die Last der neuen Dampfbacköfen, Knet- und Anschlagmaschinen mit elektrischen Betrieb ... zu tragen". Die Küchen erhielten eine Fliesenverkleidung. Damit entsprachen sie den Ansprüchen der Hygiene.
Im Jahre 1916 pachtete der Berufskollege Erhard Schmorl die bekannte Konditorei. August 1919 teilte er durch die Dresdner örtliche Presse mit, dass in der ersten Etage neue Räume geschaffen wurden. So gab es nun auch ein „Rauch- und Lesezimmer". Hier lagen etwa hundert Zeitungen aus, ein Muss für ein Kaffeehaus in jener Zeit. Im Unterschied zu anderen Kaffeehäusern der Dresdner Altstadt, blieben seine Öffnungszeiten „auf die Tagesstunden beschränkt". Und er warb in vielen Inseraten unter der Firmierung des Gründers Robert Beyer. Mit dem Beginn der „Goldenen Zwanzigerjahre" unter seinem eigenen Namen.
Das Geschäft lief gut. Doch gab es seit 1926 einen langwierigen Mietstreit mit den Erben der Familie Beyer. Sie hielten es für angemessen, auf eine der belebtesten Geschäftsstraßen der Dresdner Altstadt auch eine zeitgemäße Erhöhung der Pacht zu fordern. „Aber wer zahlt schon freiwillig, wenn er nicht muß?" Durch drei Instanzen wurde ein Prozess geführt. Das Reichsgericht gab der verwitweten Eigentümerin Beyer recht. So hatte Erhard Schmorl rückwirkend die ausstehenden Mietschulden zu bezahlen.
Ein empfindlicher Schlag für den bisher erfolgreichen Geschäftsmann. Vielleicht hätte er sich klüger gezeigt, „wenn er sich vornherein der Witwe Beyer gegenüber entgegenkommender gezeigt hätte". Den Verlust konnte er durch andere Konditoreifilialen auffangen. Doch an einer geschäftlichen Verbindung mit seinen Prozess-

gegnern war er nicht mehr interessiert. Den lukrativen Standort gab er auf. In unmittelbarer Nachbarschaft – unter der Adresse Wilsdruffer Straße 21 – eröffnete er wenig später eine neue Filiale.
Das Rätselraten, wie es mit dem Konditorei- und Kaffeehausbetrieb in den leer stehenden Räumlichkeiten weitergehen sollte, wurde am Freitag, den 13. November 1931, gelöst. Die Bewirtschaftung des Gebäudes wurde wieder von der Familie des Firmengründers Robert Beyer übernommen. „Sein Enkel Werner Anders übernimmt die Geschäftsleitung und wird im Sinne seines Großvaters den guten alten Namen hochhalten", heißt es in den Eröffnungsberichten.
„Beyer" oder „Schmorl" konnten sich bis zur Zerstörung der Gebäude in den letzten Monaten des Zweiten Weltkrieges über ausreichende Kundschaft erfreuen.
Im November 1945 versuchte Werner Anders mit dem „Café Toscana" am Blauen Wunder den wirtschaftlichen Neuanfang. Dabei unterstützten ihn zahlreiche langjährige Mitarbeiter. Und man erinnert sich an die prachtvollen Schaufensterdekorationen, welche in der Nachkriegszeit sehr selten waren. So wurde ein Stück alte Dresdner Kaffeehauskultur in die DDR-Zeit gerettet.

14. „Café König" und die „Königsdiele" – Waisenhausstraße 15 / Ringstraße 14 / Am Bismarckdenkmal – 1875

Ein gutes Dresdner Kaffeehaus musste im 19. Jahrhundert qualitativ hochwertige Konditoreiwaren und Kaffeespezialitäten und eine reichliche Auswahl an aktuellen Tageszeitungen und Journalen im Angebot haben. Schließlich dienten die Einrichtungen nicht nur als Erholungsoase, sondern auch als Informationsbörse. Wenn es die Inneneinrichtung der Räumlichkeiten gestattete, war auch ein Billardtisch unentbehrlich. Separate Vereinszimmer versprachen zusätzliche Gäste.
Alle diese Voraussetzungen erfüllte das im Jahre 1875 gegründete „Café König". Seinen Namen verdankte es nicht der Verehrung für den sächsischen Landesherrn, sondern der Gründer hieß Hermann

König. In zwei angemieteten Etagen konnten zahlreiche Gäste bewirtetet werden. Bereits die ersten Besucher waren begeistert von dem Angebot und der Ausstattung des neuen Kaffeehauses. Nur wenige Jahre später wurde es in den damaligen Reiseführern sehr positiv erwähnt. Seinen schnellen Bekanntheitsgrad verdankte es aber dem „Dresdner Schachverein". Fast 40 Jahre werden sich hier die Freunde dieses Sportes treffen. Und der schachbegeisterte Hermann König ließ sich in ruhigeren Stunden gern zu einer Partie überreden.

Im Sommer 1900 konnte das 25-jährige Geschäftsjubiläum begangen werden. Der Kaffeehausgründer war wenige Jahre zuvor verstorben. Sein Vetter Otto König leitete nun die gastronomischen Geschicke des Hauses. Selbstbewusst bezeichnete er das Unternehmen als das „älteste Kaffeehaus der Residenz". Auch wenn diese Behauptung nicht stimmte, tat es dem Publikumsverkehr keinen Abbruch.

Zunehmenden Bekanntheitsgrad erhielt das Café nach 1903. In unmittelbarer Nähe wurde das von Robert Diez (1844–1922) geschaffene Bismarckdenkmal eingeweiht. Die Dresdner Altstadt hatte eine neue Sehenswürdigkeit. Zahlreiche Dresdner und Touristen verbanden die Besichtigung mit einem Besuch im „Café König".

Bereits die ersten Besucher waren begeistert vom Angebot und der Ausstattung.

Bei Kaffee und Spezialitäten der hauseigenen Konditorei ließ man es sich gut gehen. Verständlicherweise waren die Fensterplätze besonders begehrt. Schließlich bot sich hier ein herrlicher Blick auf das Bismarckdenkmal. Neben der täglichen Laufkundschaft und den Freunden des Schachsports gehörten auch viele Dresdner Billardfreunde zu den Stammgästen. Im Jahre 1913 waren in einem Saal „9 erstklassige Billards“ vorhanden. Es zählte schon längst zu den beliebtesten Treffpunkten in Dresdens Altstadt.

Ein Jahr später begann der Erste Weltkrieg. Stück für Stück verschwand ein Hauch der bisher üblichen Kaffeehausatmosphäre. Aus dem „Café“ wurde ein deutsches „Kaffee“. Die ausgelegte internationale Zeitungsauswahl wurde auf die der Kriegsverbündeten reduziert. Der Fremdenverkehr in der sächsischen Residenz hatte dramatisch rückläufige Zahlen. Viele gutausgebildete Mitarbeiter erhielten ihre Einberufungen zur Front. Das wohlsituierte einheimische Publikum schränkte seine Besuche ein. Erste Lebensmittelrationierungen erschwerten zusätzlich das gastronomische Geschäft.

„Café König“ gehörte zu den ersten modernen Großstadtkaffees Dresdens.

Vielleicht lagen darin die Gründe, dass im November 1915 die langjährigen Besitzer vom „Kaffee König" beschlossen, das Geschäft zu verkaufen. Neuer Eigentümer wurde Gustav Mühlbach. Vorher bewirtschaftete er in Chemnitz das „Reichskaffee". In der sächsischen Residenzhauptstadt erhoffte er sich in schwierigen Zeiten bessere Geschäfte. Dem war aber zunächst nicht so. So war er nur wenige Monate später genötigt, die eingedeckten Zuckerdosen von den Gästetischen verschwinden zu lassen. Ein gedruckter Zettel wies die Gäste auf diese Maßnahme hin. Statt der bisher üblichen drei Stückchen Zucker zur Tasse Kaffee, würden auch zwei reichen. Ein Jahr später freute sich der Gast, wenn er zum Kaffeeersatz nur ein Zuckerstückchen erhielt.
Nach Beendigung der Kriegshandlungen, erfolgte ein vorsichtiger Neuanfang. So wurde bereits Ende 1918 erstmals wieder zum „5-Uhr-Tee" eingeladen. Auch wurde für musikalische Unterhaltung gesorgt. Ein Stück Dresdner Kaffeehauskultur der Vorkriegszeit sollte wiederbelebt werden. In der ersten Etage vom „Kaffee König" wurde die „Königs-Diele" eingerichtet. Doch in diesen unruhigen Nachkriegszeiten gewährte er nicht jedem Zutritt. So heißt es in der örtlichen Tagespresse: „Zum Zweck der unbedingten Erhaltung von nur guten Publikums werden vom Geschäftsführer Familienkarten ausgegeben, die außerdem Sonntags zum freien Eintritt berechtigen." Eine strenge Maßnahme, die erst zum Anfang der 1920er-Jahre zurückgenommen wurde.
Ende 1924 gehörte auch die Inflation der Vergangenheit an. Mit viel Geschick gelang es Gustav Mühlbach das Kaffeehaus in den schwierigen Jahren zu halten. Die Goldenen Zwanzigerjahre begannen. Durch zeitige Investitionen und Umbauarbeiten gehörte der gastronomische Betrieb zu den ersten modernen Großstadtkaffees Dresdens. Und das Ergebnis konnte sich sehen lassen: Im Erdgeschoss entstand eine neue Konditorei mit Verkaufsraum. Es gab ein Lese-Kaffee „mit allen bedeutenden Zeitungen des In- und Auslandes". Auch eine „Nichtraucher-Abteilung" wird erwähnt. In der ersten Etage – der „Königs-Diele" – gab es täglich Nachmittags- und Abendkonzerte. Zusätzlich gab es noch ein kleines separates Weinrestaurant, das zum abendlichen Souper einlud.

Gut gerüstet wird es auch in den folgenden zwei Jahrzehnten eine beliebte Lokalität in der Dresdner Altstadt bleiben. Im Februar 1945 endete die gastronomische Geschichte des beliebten Kaffeehauses. Das Gebäude wurde im Bombenhagel zerstört. Und nur wenige Zeit später verschwand auch das Bismarckdenkmal. Es wurde vermutlich eingeschmolzen. Ein beliebter Treffpunkt geriet in Vergessenheit.

15. Das „Zwingerschlösschen" – Der Geheimtipp in Dresdens Altstadt

Damals wie heute zählen sehr gute gastronomische Unternehmungen im Schatten vom Dresdner Zwinger, von Semperoper und Theaterplatz zu den Geheimtipps. So erging es auch dem „Zwingerschlösschen", welches sich über viele Jahrzehnte über eine besonders treue Stammkundschaft erfreuen konnte. Zahlreiche Dresdner Familien legten hier nach Einkaufs- oder Museumstour eine Kaffeepause ein. Sie schätzten die Einfachheit und waren dankbar, dass es noch nicht von den zahlreichen Touristen mit einer kurzzeitigen

Zwingerteich. Blick gegen das „Zwingerschlößchen", 1927.

Visite bedacht wurde. Wenn man Dresdner Gemütlichkeit suchte, fand man es hier. Und so konnte um 1900 so mancher Großvater mit einem Blick auf den Zwingerteich seinem Enkel von den bescheidenen Anfängen dieser Lokalität erzählen.
Es war wohl Anfang der 1850er-Jahre, als der alte Peter Stöber, allgemein „Papa Stöber“ genannt, den Zwingerteich in Pacht nahm. Zu jener Zeit gab es noch Pläne, den noch erhaltenen Teil des ehemaligen Festungsgrabens zuzuschütten. Mit Fischfang konnte er nicht reich werden. Sommerliche Gondelfahrten und der winterliche Schlittschuhlauf auf dem zugefrorenen Teich versprachen einige Einnahmen. So errichtete er ein kleines Bretterhäuschen, in dem auch Getränke angeboten wurden. Ein kühlendes Selterswasser wurde in den Sommermonaten geschätzt, Grog oder Punsch zur kälteren Jahreszeit. Kuchen und Kaffee wurde ganzjährig angeboten. Schließlich machten solche sportlichen Betätigungen auch Durst. Verständlich, denn nicht wenige Dresdner Kinder lernten hier unter den wachsamen Augen ihrer Eltern Schlittschuhlaufen. Das kleine Entgelt wurde gern gezahlt. In diesen Gründungsjahren durften die Kinder der beiden Dresdner Waisenhäuser einmal in der Woche unentgeltlich die Eisfläche des Zwingerteiches benutzen. So gab es auch für jene die Möglichkeit, Schlittschuhlaufen erlernen zu können. Ihre Bemühungen wurden danach oft mit einer großen Kuchentafel belohnt.
Im Jahre 1875 übernahm der Hoffischhändler Röder die Bewirtschaftung des Zwingerteiches. Vermutlich entstand wenige Jahre später aus der provisorischen „Bretterbude“ ein festes Gebäude, welches mit dem Namen „Zwingerschlösschen“ warb. Ein beliebter Treffpunkt war in der sächsischen Residenzhauptstadt entstanden. Werbung und große Inserate benötigte das Zwingerschlösschen nicht. Es gab auch keine Pläne diese „Restauration“ zu einem gastronomischen Großunternehmen zu verwandeln. Es war und blieb eine stille kleine Oase im hektischen Großstadtleben.
Ein Geschäftsprinzip, was über viele Jahrzehnte seine Bestätigung fand. Viele Stammgäste, welche trotz vieler Einschränkungen durch den Ersten Weltkrieg dem Haus weiterhin ihre Treue hielten, waren betrübt. Sie mussten in der Zeitung lesen, das liebgewonnene „Zwingerschlösschen“ solle einem geplanten Erweiterungsbau zur Dresdner

Gemäldegalerie weichen. Die „Bauwut“ in der königlich-sächsischen Residenzhauptstadt ließ sich auch von den Kriegsjahren nicht beeindrucken. Doch letztendlich war es ein verfrühter Nachruf. Zunehmende Kriegsausgaben zerschlugen die Pläne ehrgeiziger Architekten. Es wird noch ein Jahrzehnt dauern, bis im Dresdner Zwinger umfangreiche Restaurierungsarbeiten beginnen. Keine Erweiterungsbauten waren mehr geplant, sondern die Erhaltung der ursprünglichen Gebäudesubstanz. Das „Zwingerschlösschen“ war gerettet. Jedoch mussten die Stammgäste dann einige Jahre auf den gewohnten Ausblick auf das idyllische Gesamtbild mit dem Zwingerteich verzichten. Jener war ausgepumpt worden, um die Anlegung des Zwingergrabens mit Holzbrücke zum Kronentor zu ermöglichen. Und trotzdem gab es in dieser Baulandschaft viel Interessantes zu beobachten. So sei an die „Zwinger-Lokomotive“ gedacht, welche den abgebaggerten Sand in Richtung Elbufer transportierte.
Relativ unbeschadet überstand das „Zwingerschlösschen“ die verheerende Bombennacht im Februar 1945. Bis zum Anfang der 1960er-Jahre blieb es der Geheimtipp für Dresdens Kaffeeliebhaber. Doch der Zahn der Zeit nagte an der Bausubstanz. Eine gründliche Renovierung war nicht mehr vorgesehen. Die gastronomische Bewirtschaftung wurde eingestellt und wenige Jahre später eines der letzten Relikte Altdresdner Gastlichkeit abgerissen. Es bleiben die Erinnerungen.

16. „Restaurant und Café am Pirnaischen Platz“ – Zweite Hälfte des 19. Jahrhunderts

Dresden im Jahre 1875. Ein „Illustrierter Wegweiser durch DRESDEN und die Sächsische Schweiz“ verrät einige statistische Angaben über die Landeshauptstadt. 5.700 „feuerfest gebaute Häuser“ wurden gezählt. Weiterhin 331 Straßen und Gassen sowie 36 freie Plätze. Zum letztgenannten gehörte auch der Pirnaische Platz. Damals glich seine Gestaltung einfachem Vorstadtcharakter. Kein sehenswertes Ausflugsziel für die zahlreichen Touristen. So ist es auch erklärbar, dass das „Café und Restaurant Pirnaischer Platz“ kaum

„Restaurant und Café Pirnaischer Platz" (später: „Kaiserpalast"), vor 1900.

Erwähnung in der zeitgenössischen Reisebuchliteratur fand. Vermutlich wurde der gastgewerbliche Betrieb schon in den 1860er-Jahren eröffnet. Über einige Jahrzehnte war es die größte Einkehrstätte am Pirnaischen Platz. Die Verbindung zwischen einem Restaurant- und Kaffeehausbetrieb entsprach dem Zeitgeschmack. Interessant ist, dass bei Werbeinseraten in der örtlichen Tagespresse stets der Name des Betreibers zuerst genannt wurde. Bekannte Dresdner Gastwirte bürgten mit ihrem Namen für eine hervorragende Bewirtung. So war es bei den Betreibern C. W. Haupt (1876), G. Duttler (1880) oder bei Otto Scharfe, welcher den Geschäftsbetrieb auf eigene Rechnung im Jahre 1887 übernahm.

Haupt warb Ende 1876 in der „Dresdner Illustrirte Montags-Zeitung" des Einmannbetriebes vom „verantwortlichen Redakteur: E. Steinbach" (Kreuzstraße 2, zweite Etage) um neue Stammgäste. Unter damaliger Adressangabe „Amalien-Straße und Moritz-Allee 1" warb das „Etablissement mit geräumigen Lokalitäten, Veranden, Gesellschaftszimmer mit Pianino, Tunnel ..." Da gerade im damaligen Dresden ein „Skandal um verbotene Glücksspiele" aufgedeckt wurde, versuchte der Verleger das einheimische Publikum zu beruhigen. Hier seine Zeitstudie:

„... *Es war und ist auch sonst noch in vielen Localen der Brauch, daß ein Schmauß, gleich unter welchen Titel, erstens die Gönner und Stammgäste eines Wirthes vereint, zweitens aber dem letzteren, das ist von einer Cliquee professioneller Spieler manches derartiges Fest seines Harmlosen Characters beraubt worden, da diese modernen Gauner den fröhlichen Gästen das Geld im falschen Spiele mausten. Viele sogenannte Abendessen oder Herrenessen sind nur dazu, hiesiger sowie zur Unterstützung von Berlin hierfür berufener Bauernfänger Gelegenheit zu geben, ihre Kartenkunststücke los zu lassen, wie z. B. kürzlich auf der Waisenhausstraße der Fall war. Dort sind Tausende in die Taschen derartiger Gauner geflossen ...*“

Eine solche Gefahr sei im Kaffeehaus- und Restaurantbetrieb am Pirnaischen Platz nicht zu erwarten, versicherte der Autor. Restaurateur Haupt habe es „nur auf die Befriedigung des Magens und gute Unterhaltung abgesehen“, und mit der Duldung verbotener Glücksspiele befürchtete er Stammgäste zu verlieren.
Ähnlich sah es auch sein Nachfolger G. Duttler. Nach Geschäftsübernahme empfahl er „dem hochgeehrten Publikum sein neu vorgerichtetes Garten-Etablissement mit schattigen Marquisen, in Verbindung mit dem Glassalon staub- und zugfrei“. Jener setzte auf das einheimische Publikum. Stammgäste erhielten Rabatt. Sowohl beim Frühstücksangebot, der Mittagsmahlzeit, zur Vesper und beim Abendbrot.
Die ruhige und beschauliche Idylle fand Mitte der 1880er-Jahre ein jähes Ende. Zwei große Projekte zu einer besseren Regulierung des Straßenverkehrs werden den Pirnaischen Platz zu einem der belebtesten Plätze in Dresdens Altstadt wachsen lassen:

- Der Durchbruch der „König-Johann-Straße“ als Direktverbindung zwischen Altmarkt und Pirnaischem Platz.
- Der Bau der „Carola-Brücke“, welche eine bessere Verkehrsanbindung in der Neustädter Elbseite ermöglicht.

Davon profitierte auch der Restaurateur Otto Scharfe. Im April 1887 übernahm er im Alter von 30 Jahren die gastronomische

Bewirtschaftung des Unternehmens. Als Geschäftsführer fungierte er bereits unter seinem Vorgänger. Dem damaligen Konzept zwischen Restaurant- und Kaffeehausbetrieb hielt er weiterhin die Treue. Als eine Bereicherung wurden die regelmäßig stattfindenden Konzertveranstaltungen angesehen. So sorgte im September 1888 die „Erste Wiener Damenkapelle“ für musikalische Untermalung. Aus dem „Dresdner Journal“ ist folgendes zu erfahren:

„... *Das Orchester brachte ein gut ausgewähltes Programm in vorzüglicher Weise zu Gehör. Reizende Blumenverkäuferinnen, extra angebrachte Dekorationen, ein reichbesetztes Bufett und anderes tragen dazu bei, den Genuß deutlicher zu erhöhen ...*“

Vier Wochen später gab es dann in den Nachmittagsstunden ein „Grosses Elite-Konzert (ohne Tabakrauch) von der echten ungarisch. Zigeuner-Kapelle in Husaren-Uniform unter der Direktion des Herrn Vörös Lajos“ zu erleben.

Als die Wettiner im Jahre 1889 ihr 800-jähriges Jubiläum der Besitzergreifung der Mark Meissen mit einem Festumzug feierten, hoffte Otto Scharfe auf ein weiteres gutes Geschäft. In seinem „Restaurations-Garten“ wollte er eine zusätzliche „fliegende Bierausgabe“ errichten. Nur so könne er den zu erwartenden Andrang von Gästen zufriedenstellend bewältigen. Ein längerer Briefwechsel mit dem Dresdner Gewerbeamt folgte, um die erforderliche Erlaubnis zu bekommen. Doch er konnte die Stadtoberen mit all seinen Argumenten nicht überzeugen. Für eine kurzzeitige Genehmigung sah man kein „Bedürfnis“.

Anfang der 1890er-Jahre wirkte das „Café und Restaurant Pirnaischer Platz“ wie ein Relikt aus alten Zeiten. Schon längst war es eingekreist von neuen modernen Geschäfts- und Wohnhäusern. Jene Gebäude hatten schon längst die Grundstücksgrenze erreicht. Es war nur noch eine Frage der Zeit, wann auch diese historische Lokalität der Bauwut Dresdens zum Opfer fallen würde. Im Oktober 1895 informierte Otto Scharfe das Dresdner Gewerbeamt, dass er zum 1. April 1896 gezwungen sei, die gastronomische Bewirtschaftung einzustellen. Gleichzeitig vergaß er nicht zu erwähnen, dass er als erster Pächter für die im Neubau geplanten Restaurationslokalitäten vorgesehen sei. Als Überbrückung bat er um die

Übertragung der Konzessionsrechte für die „ermietheten Räumlichkeiten" in den Häusern Amalienstraße 4 und 6. Seinem Gesuch wurde stattgegeben.
Aus nächster Nähe konnte er das eifrige Baugeschehen des monumentalen Neubaus verfolgen. Investor Herrmann Illgen hielt bei der Vermietung der Räumlichkeiten sein Wort. Nach anderthalbjähriger Bauzeit wurde der „Kaiser-Palast" eröffnet. Ende Dezember 1897 wird Restaurateur Otto Scharfe am angestammten Platz die ersten Gäste begrüßen können. Bei der Vielzahl der gastronomischen Abteilungen fehlte leider ein separater Kaffeehausbetrieb. Dessen Aufgabe wurde den Restaurants angegliedert.

17. „Konditorei und Café Kreutzkamm" – Altmarkt 14

Dresden im März 1825. Hier beginnt die Geschichte einer der bekanntesten Konditorei- und Kaffeehausbetriebe des alten Dresdens. Der 25-jährige Jeremias Heinrich Kreutzkamm schreibt ein Gesuch an den Stadtrat. Der gelernte Konditor will sich selbstständig machen. Dazu war zunächst die Erlangung des hiesigen Bürgerrechtes erforderlich. Erst danach war es möglich, ein Geschäft auf „eigene Rechnung" zu eröffnen.

„Kreutzkamms" legendärer Ruf begann 1825.

Die geeigneten Geschäftsräume für seinen Konditoreibetrieb fand er in den neuerbauten Häusern in der Moritzstraße. Einem regen Publikumsverkehr war er sich sicher. Schließlich sollte zeitgleich im Nachbarhaus das Hotel „Stadt Frankfurt" eröffnet werden. Doch auf die erforderliche Erlaubnis durch die städtischen Behörden mussten beide neugegründeten Unternehmen fast ein halbes Jahr warten. Zunächst war die Frage nach einem „Bedürfnis" zu klären. Dann gab es Fragen an die ursprüngliche Heimatgemeinde nach den Zeugnissen und Leumund des Antragsstellers. Wenig später wurde auch noch der Finanzierungsplan unter die Lupe genommen. Gleichzeitig mussten auch gleichartige ortsansässige Unternehmen zu ihrer Meinung befragt werden. Jene waren in der Regel gegen jegliche neue Konkurrenz. Dies war aber für die Erteilung einer Konzession nicht bindend. Entscheidend war die Nachfrage bei den polizeilichen Behörden. Fiel diese positiv aus, bedurfte es nur noch weniger Tage, bis die erforderliche Erlaubnis schriftlich den Antragsteller erreichte.

Erst im Herbst 1825 konnte Kreutzkamm seine kleine Konditorei eröffnen. Die Weihnachtssaison stand bevor, und deshalb warb er in den örtlichen Tageszeitungen. So bot er unter anderem geschmackvolles „Confect" sowie alle „Sorten feiner französischer Bonbons zu möglichst billigen Preißen" zum Weihnachtsbaumschmuck an. Ansonsten überzeugte er mit seinem auserlesenen Kuchengebäck. Natürlich war von Anfang an das Ziel, die wohlsituierte einheimische Bevölkerung als Stammpublikum zu gewinnen.

In den kommenden Jahrzehnten gab es immer wieder Pläne, sein Geschäft mit einem Kaffeehaus zu erweitern. Beim Gewerbeamt fand er dafür aber keine Unterstützung. Schließlich gab es bereits ausreichende derartige Einrichtungen in der Altstadt. Diese geschäftlichen Träume konnte erst sein Sohn in der zweiten Hälfte des 19. Jahrhunderts umsetzen.

Heinrich Julius Kreutzkamm wurde am 18. Juli 1826 in Dresden geboren. Schon seit seiner frühesten Kindheit war er mit dem elterlichen Gewerbebetrieb vertraut. Im Dezember 1843 begann er hier auch seine Lehre als Konditor. Unter strenger Aufsicht seines Vaters wurde er mit den Geheimnissen der Konditoreikunst vertraut gemacht. Es folgte nur eine kurze Gesellenzeit. Der frühe Tod des Vaters Anfang 1850 erforderte die Übernahme der Leitung des Geschäftsbetriebes. Der 24-Jährige fand in den ersten Jahren dabei große Unterstützung bei seiner Mutter. So heißt es unter anderem in einem Inserat vom 21. Dezember 1859:

„Die Conditorei von J. H. Kreutzkamm Wwe. / Moritzstraße No. 7 / empfiehlt ihre reichhaltige Ausstellung von Conditoreiwaaren."

Es bedurfte noch einige Zeit, um das Traditionsunternehmen richtig in Dresdens Altstadt zu etablieren. Die Verlegung des Geschäftes in die Badergasse 3 erwies sich als eine Fehlentscheidung. Darüber konnte auch nicht im Jahre 1867 die Verleihung des Titels eines Hofkonditors vom Kronprinzen Albert und dessen Bruder Georg hinwegtäuschen. Auch nicht als ihm – als treuer Lieferant – das Prädikat „Königlicher Hofkonditor" zugesprochen wurde.

1875 konnte das 50-jährige Geschäftsjubiläum gefeiert werden. Drei Jahre später erfolgte der Umzug zum Dresdner Altmarkt. Im Nachbarhaus befand sich damals das „Königl. Sächs. Adress-Comptoir" und wurde zur Orientierung in der Eröffnungsannonce erwähnt. An dem neuen attraktiveren Standort durfte er im angeschlossenen Kaffeehaus auch Liköre, Punsch, Grog sowie Weine ausschenken. Ein Besuch bei „Kreutzkamm" wurde nun auch in den damaligen Reisehandbüchern empfohlen.

Die Erfolgsgeschichte des Dresdner Familienunternehmens fand ihre Fortsetzung durch seinen Sohn Max Kreutzkamm. Im Januar 1894 übernahm dieser die geschäftliche Leitung. Sein Vater zog sich in den wohlverdienten Ruhestand zurück. Mit Rat und Tat stand er aber weiterhin bereit. So unterstützte er auch die Modernisierungspläne seines Nachfolgers.

Im Spätsommer 1904 waren umfangreiche Bauarbeiten in dem mittlerweile im Familienbesitz befindlichen Geschäftshaus zu beobachten. Neben der Erweiterung der Konditoreiräume wurde auch die Außenfront des Gebäudes zum Altmarkt hin verändert. Lobende Anerkennung im „Dresdner Journal“ folgte:

„… *Die Fassade hat eine verschönerte Umgestaltung erfahren durch die in dem ersten Obergeschoß eingesetzten großen Bogenfenster, die in eigenartiger Weise mit elektrischen Beleuchtungseffekten umrahmt sind und durch die Buntverglasung namentlich abends bei Beleuchtung einen sehr schönen Eindruck hervorbringen. Die Beleuchtung ist neuartig eingerichtet und erfolgt durch Osmiumlicht, das auch von den inneren Beleuchtungskörpern nach außen strahlt. Die Pilaster sind aus poliertem Granit hergestellt. Vor den Fenstern befinden sich kunstvoll ausgeführte Vorlagen in Schmiedeeisen für Blumen* …“

Am „Sonnabend d. 29. Oktober, mittags 1 Uhr“ wurde der vollständige neue Geschäftsbetrieb eröffnet. Die Einladungen und Inserate unterschrieb Senior Heinrich Julius Kreutzkamm. Durch den Umbau gab es nun „eine direkte Verbindung der Räume des Erdgeschosses mit denen der ersten Etage“. Hier wurde ein neues „Café“ geschaffen, welches über hundert Gästeplätze verfügte. Die beauftragten Innenarchitekten überzeugten mit ihrer Gestaltung. So heißt es weiter:

„… *Die gesamte Ausstattung zeichnet sich nicht nur durch geläuterten künstlerischen Geschmack, sondern auch durch Echtheit und Gediegenheit des Materials aus. Die Holzvertäfelung besteht aus echter Eiche in graugrüner Farbe und umschließt Füllungen aus goldgelbem Seidenstoff. Die Verzierungen über den Vertäfelungen sowie die Randleisten der Ecken an den tragenden Säulen wirken vorzüglich. Die Wände über den Vertäfelungen sowie die Decke sind in einem farbigen Tone gehalten. Ohne jene Überladung mit Schmuck und Farbe bringt der gesamte in einem ruhigen Ton, gelb in gelb mit grau und silber gehaltene Raum, zu den auch das Mobilar in Anordnung, Farbe und Form entsprechend abgestimmt ist, einen durchaus vornehmen Eindruck hervor. Bei der Buntverglasung ist ein neues Verfahren, Clotsanét genannt, angewendet worden* …“

Aber auch der Blick auf den Dresdner Altmarkt hatte etwas für sich. So konnten zu wärmeren Jahreszeiten die großen Fenster vollstän-

dig geöffnet werden. Der Besucher gewann somit den Eindruck, von einem Balkon aus das geschäftige Treiben auf dem größten Platz der sächsischen Landeshauptstadt beobachten zu können.
Keine wesentlichen Änderungen erhielten die Räumlichkeiten im Erdgeschoss. Hier entstand ein „Nichtraucher-Café". In der ersten Etage konnten die Raucher ihrem Laster frönen. Bedient wurde in beiden genannten Räumlichkeiten.
Das Traditionsunternehmen entwickelte sich zu einem der bekanntesten und modernsten Dresdner Kaffeehäuser. „Man hat Einkäufe gemacht und erholt sich bei einer Schokoladentorte", berichtet ein zeitgenössischer Chronist. Dabei profitierte „Kreutzkamm" insbesondere von der Laufkundschaft des benachbarten Warenhauses Renner. Gleichzeitig entwickelte sich der Versand des hier gebackenen Dresdner Christstollens zu einem weiteren lukrativen Geschäft. Bestellungen kamen aus allen europäischen Ländern. Sendungen nach Amerika und tropischen Ländern bedurften einer besonderen Verpackung. So wurden jeden Abend durch einen Fachmann die gefüllten Weißblechkisten zugelötet, um anschließend in einer weiteren Holzkiste ihre Reise in die weite Welt antreten zu können.
Bis zu seinem Tod im Jahre 1926 leitete Max Kreutzkamm das Unternehmen. Die wohl schwerste Herausforderung war, den Konditoreibetrieb in den Zeiten des Ersten Weltkrieges und den anschließenden Inflationsjahren aufrechtzuerhalten. Der lukrative Stollenversand war zusammengebrochen. Nur noch wenige konnten sich überhaupt noch einen Kaffeehausbesuch leisten. Rohstoffengpässe und „Kriegsersatzstoffe" sowie staatliche Reglementierungen bestimmten die Zeit. Das Niveau der Vorkriegszeit war nicht mehr zu halten. Erst die längst fällige Währungsreform ermöglichte wieder neue geschäftliche Planungen.
Fritz Kreutzkamm übernahm das väterliche Erbe. Neue Ideen waren gefragt! Die zunächst nur als Notlösung angedachte Belieferung von Dresdens Feinkostläden erwies sich wenig später als Erfolg. Nach über einem Jahrzehnt konnte die vorhandene Kapazität der Produktionsräume wieder voll ausgenutzt werden. Der Gewinn aus diesen Geschäften wurde einige Jahre später in die Modernisierung der Geschäftsräume im Stammhaus am Altmarkt investiert. Dieses war auch dringend notwendig, denn in den Goldenen Zwanzigerjahren

waren die Ansprüche der Kaffeehausbesucher an die Innenausstattung nicht mehr mit denen der Vorkriegszeit vergleichbar.
Die geplanten Umbauten erfolgten im Jahre 1927. Um ein modernes Großstadtkaffee zu schaffen, wurde ein Berliner „Raumkünstler" beauftragt. Diese Entscheidung wurde von den „Ur-Dresdnern" mit großer Skepsis aufgenommen. Die neu geschaffenen Kaffeeräume wirkten „kahl" und „schemenhaft". Die Stammgäste waren enttäuscht und die „Dresdner Rundschau" hielt sich mit einem kritischen Artikel auch nicht zurück. Unverständnis auf allen Seiten. Schließlich waren nur Berliner Firmen mit der Lieferung von Linoleum, Möbelstoffen etc. beauftragt. Und das Wochenblatt vergaß nicht zu erwähnen, dass die sächsische Landeshauptstadt über ausreichende Fachleute verfüge. So heißt es:

> „… *Wir haben nämlich, wie allgemein bekannt, eine weltberühmte ‚Technische Hochschule' mit einer ‚Hochbauabteilung für Raumkunst' der zwei ordentliche Professoren der Raumkunst, die Architekten Oswin Hempel und Dr. Ing. Hoegg, vorstehen, die junge Raumkunst-Architekten heranbilden und selbst schon (jeder Dresdner weiß das!) Hervorragendes schufen. Zum Beispiel wurde die sehr viel besuchte ‚Bärenschänke' von Professor Hempel durch künstlerische Renovierung zu einer großen Sehenswürdigkeit Dresdens gemacht …*"

Und der Autor dieses Artikels verschärfte seinen Ton mit der Mutmaßung:

> „… *Vielleicht hängt nach fertiger Umgestaltung am Café ‚Kreutzkamm' dann ein Riesenplakat: ‚Der Eintritt ist dem Dresdner Publikum streng untersagt, nur Berliner sind herzlich willkommen' Oder: ‚Unser Kaffee und Kuchen darf nur von Berlinern genossen werden!' …*"

So weit zum Lokalpatriotismus der 1920er-Jahre. Eine Provinzposse, welche recht bald wieder in Vergessenheit geriet. Letztendlich überzeugte Fritz Kreutzkamm durch sein hervorragendes Konditoreigebäck. Einer zahlreichen Stammkundschaft konnte er sich auch im folgenden Jahrzehnt sicher sein. Dresdens ältester Konditoreibetrieb zählte zu den Sehenswürdigkeiten. Als das Stammhaus

am Altmarkt im Februar 1945 beim Bombenabgriff zerstört wurde, fand eine fast 120-jährige Firmengeschichte in Dresden ein vorläufiges Ende.
Fritz Kreutzkamm fing 1950 in München ganz von vorne an. Nach seinem Tod 1981 führten seine Frau und seine Tochter das Unternehmen weiter. Nach der Wende eröffneten sie am Altmarkt ein Café und brachten den Namen „Kreutzkamm" wieder nach Dresden.

18. „Konditorei und Café von Richard Hülfert" – Prager Straße 48

Aller Anfang ist schwer. Diese Erfahrung musste auch der junge Wilhelm August Friedrich Hülfert machen. Er erlernte den Beruf eines Bäckers und Konditors. Bereits als Geselle überzeugte er seine Arbeitgeber durch die Liebe zum Beruf. Und auch die Kundschaft konnte er mit seinem Backwerk überzeugen. Bäckermeister Kuntzsch auf der Hauptstraße 12 bot ihm die Chance zur beruflichen Weiterentwicklung. Von April 1877 an leitete Hülfert als Geschäftsführer das kleine Unternehmen. Durch diese neuen Arbeitsfelder erlernte er auch die notwendigen kaufmännischen

Gleich nach der Gründung 1881 gehörte „Hülfert" zur ersten Adresse.

Kenntnisse, um den Schritt in die Selbstständigkeit wagen zu können. Bäckermeister Kuntzsch unterstützte die Pläne seines Zöglings. Dieser hatte geeignete Verkaufsräume in der belebten Prager Straße entdeckt. Seine Ersparnisse reichten aber nicht aus, um einen Mietvertrag abzuschließen. Sein beruflicher Ziehvater verfügte über mehr finanzielle Sicherheiten und pachtete die vorgesehenen Räumlichkeiten. Hilfreich stand er auch bei der Beschaffung des notwendigen Inventars zur Seite.

Am 1. Februar 1881 wurde dann die Eröffnung der „Conditorei und Café von Richard Hülfert" gefeiert. Das Geschäft befand sich im Eckhaus Prager Straße / Sidonienstraße. Neben den auserlesenen Konditoreierzeugnissen gab es auch einen Ausschank für Kaffee, Schokolade, Punsch, Grog, Liköre und Weine. Auch ein Bestellservice war bereits am Gründungstag eingerichtet. Aber auch der aufmerksame Stadtbezirksinspektor las den Dresdner Anzeiger. So stellte er in seinen Unterlagen sofort fest, dass vom Gewerbeamt der Stadt Dresden noch kein Konzessionsschein ausgestellt war. Er inspizierte noch am gleichen Tag das neue Geschäft und stellte fest, dass es auch schon eine kleine Auswahl von Likören gab. Jene Tatsache nutzte er dann zur Bekräftigung seiner Anzeige. Ein Strafbefehl über zehn Mark folgte prompt.

Wenige Tage später verfügte Richard Hülfert über die erforderlichen Genehmigungen. Auch zum Branntweinschank. Im Sommer des gleichen Jahres war es ihm dann auch möglich, einige Biersorten anzubieten. Er folgte damit den Trend der Zeit. Selbst altbekannte Dresdner Konditoreien konnten sich den Wünschen der Gäste nicht entziehen. Um den Charakter seiner Konditorei nicht zu zerstören, wurde es nur im Parterreraum zur Sidonienstraße ausgeschenkt.

Ab September 1883 wurde auch unter den Namen „Café Panorama" geworben. Vermutlich wollte man damit auf die herrliche Aussicht auf die Prager Straße hinweisen. Die Fensterplätze in den Gasträumen der ersten Etage waren ständig besetzt. Von hier aus bot sich täglich ein neues Bild über das pulsierende Leben auf Dresdens bekanntester Einkaufsmeile. Wenige Jahre später wurde dann wieder unter dem Namen des Besitzers Richard Hülfert geworben. Jener bürgte für langjährige Qualität der Erzeugnisse und erhöhte den Bekanntheitsgrad.

Wesentliche Erweiterungen der Konditorei erfolgten dann im Jahre 1898. In der ersten Etage entstand ein separater Billardsaal. In jenen Jahren gehörte Kaffeehauskultur und Billardspiel unzertrennlich zusammen. Genauso wie eine reichliche Zeitungsauswahl. Geöffnet waren diese Räumlichkeiten bis Mitternacht.

Auch das eigentliche Konditoreigeschäft lief sehr gut. Längst war der Name des Hauses weit über die Grenzen Sachsens bekannt. Das von Beginn an erstklassig organisierte Bestell- und Versandgeschäft hatte auch zahlreiche ausländische Kunden. Oft vergaßen sie die Adresse des Konditoreigeschäftes. Aber auch unter der Anschrift „Hülfert-Ecke in Dresden“ kamen ihre Bestellungen an. Geschätzt wurden neben den Dresdner Christstollen auch die Baumkuchenspezialitäten. Richard Hülfert war nach der Jahrhundertwende schon längst der Obermeister der Konditorei-Kreisinnung.

Ein Musterbetrieb wurde geschaffen. Schon längst gab es elektrische Motoren, welche die großen Schlagmaschinen in der Bäckerei antrieben. Nicht immer zur Freude der unmittelbaren Nachbarschaft. So beschwerten sich im Jahre 1904 zwei benachbarte Geschäftsinhaber über den störenden Lärm. Auch der zuständige Bezirksinspektor begutachtete die Lage. Richard Hülfert bekam die Auflage, Maschinen seiner Bäckerei umzusetzen. Dieses war aus den technischen Gegebenheiten kaum möglich. Eine Tatsache, welche wenige Monate später auch das Dresdner Gewerbeamt akzeptierte. Hier ging es um die Rühr-, Reib- und Eismaschine. Weiterhin wurden von den neuen elektrischen Motoren auch noch ein „Baumkuchenaggregat“ und eine Kaffeemühle angetrieben. Hülferts Begründung, dass die Geräusche vom vibrierenden Boden herrührten, wurde akzeptiert.

Im Jahre 1908 wurden die Räumlichkeiten in der ersten Etage erweitert. Zwei neue Zimmer kamen hinzu. Das gleiche wird in der Endphase des Ersten Weltkrieges erfolgen. Das dazu erforderliche Gesuch richtete Hülfert am 21. September 1918 an das Dresdner Gewerbeamt. Ein Jahr später beendete er seine geschäftliche Tätigkeit.

Sein Sohn Paul Hülfert übernahm den väterlichen Betrieb. Umfangreiche Umgestaltungen erfolgten. So entstanden:

„Im I. Stockwerk moderne, überaus behagliche Salons mit Balkonen nach der Prager und Sidonienstraße, die schönste Aussicht auf

den Dresdner Hauptverkehr der Prager Straße bietend, erweiterte Lese-, Spiel- und Billardzimmer."
Die „Konditorei und Café Hülfert" wurde auf die Zwanzigerjahre hochgerüstet. Investitionen für die Zukunft, die sich als richtig erwiesen. „Kaffee macht mich frisch, gibt mir Hoffnungen" schreibt Victor Klemperer im Jahre 1923 in seinen Tagebuchaufzeichnungen. Im April des darauf folgenden Jahres genoss er nach den schweren Inflationsjahren bei Hülfert erstmals wieder „Caféhaus-Zeitungslectüre". Weniger konnte er sich im September 1924 mit dem neueingerichteten „Rundfunkzimmer" anfreunden. Die damaligen Geräusche aus dem Lautsprecher irritierten ihn. „Das schlechteste Grammophon bringt mir bessere u. deutlichere Musik" war sein Fazit. Wenige Jahre später wird sich seine Meinung über diese neuen technischen Errungenschaften ändern.
Über fehlendes zahlungskräftiges Publikum war auch in den folgenden Jahrzehnten nicht zu klagen. „Café Hülfert" gehörte schon längst zu den bekanntesten Kaffeehäusern in der belebten Prager Straße. Weihnachtsstollen wurden noch bis zum Beginn des Zweiten Weltkrieges in viele Länder verschickt. So auch nach Übersee. Das beliebte Gebäck wurde zu diesem Zweck in verlötete Weißblechkisten verpackt um sicherzustellen, dass es in bekannter Qualität auch den Kunden erreichte. Einmal konnte aber ein solches

„Hülfert" gehörte zu den bekanntesten Kaffeehäusern in der belebten Prager Straße.

Paket im fernen Argentinien nicht zugestellt werden. Nach einem Dreivierteljahr erreichte es wieder das Kaffeehaus. Die Neugier der Bäcker war groß, ob der Stollen nach einer solch langen Weltreise noch genießbar sei. Sie öffneten die Weißblechkiste und kosteten ihr Produkt des Vorjahres. Einstimmig kamen sie zum Ergebnis, dass er nichts von seiner Güte verloren hatte. Sie waren stolz auf ihre Arbeit und werden diese kleine Episode ihren Kindern erzählen.
Die Geschichte vom „Café Hülfert“ endet im Bombenangriff im Februar 1945. Im zerstörten Gebäude war an einen Neuanfang nicht mehr zu denken. Eine der bekanntesten Dresdner Kaffeehausadressen fand ein jähes Ende.

19. Das „Café Central“ am Altmarkt hatte das umfangreichste Leseangebot

Unterschiedliche Beweggründe verleiten zu einem Kaffeehausbesuch am Dresdner Altmarkt. Die Ansprüche nach einem erholsamen Aufenthalt waren breit gefächert. Besucher der naheliegenden Warenhäuser erholten sich hier vom anstrengenden Einkaufsbummel. Auswärtige Besucher vom Besuch einiger der empfehlenswerten Museen, um dann auf eine neue Besichtigungstour zu gehen. Entspannung fanden nicht wenige Kaffeehausgäste beim Billardspiel. Reisenden Kaufleuten dienten die zahlreich vorliegenden Adressbücher zur Geschäftsanbahnung. Billardspieler schätzten die Möglichkeit, hier einen Treffpunkt zu haben. Und geistig arbeitende Stammgäste lobten das umfangreiche Leseangebot. Jedem Kaffeehausgast gerecht zu werden, war nicht einfach. Das „Café Central“ bot mit der Vielzahl seiner Räumlichkeiten diese Möglichkeit.
Am 26. Juli 1881 konnten unter der Adresse Schlossstraße 2 die ersten Gäste begrüßt werden. Sie konnten an einem der sechsundzwanzig Tische Platz nehmen. Zwei Billards komplettierten die bescheidene Inneneinrichtung. „Der rege Besuch seitens des Publikums bewies, daß man mit der Eröffnung des Cafés einem Bedürfnisse der Großstadt abgeholfen wurde“, heißt es ein Vierteljahrhundert später in einer Festschrift. Bereits ein halbes Jahr später mussten auf Grund

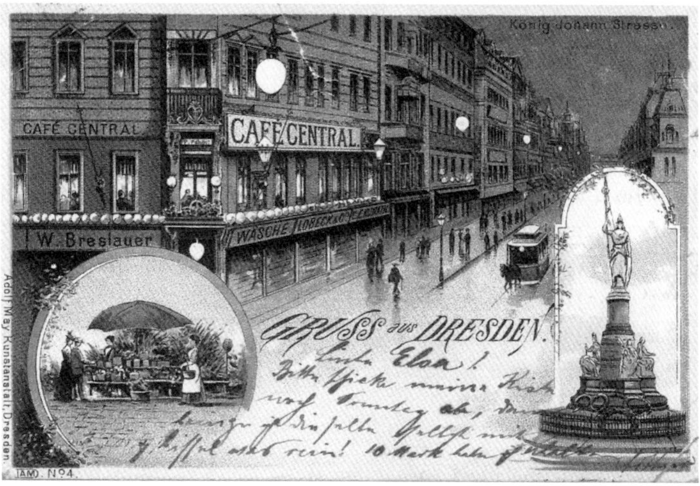

Das „Café Central" war so beliebt, dass es in den 1880er-Jahren auf drei Häuser verteilt war.

des großen Zuspruches Räume im Nachbarhaus Schlossstraße 4 hinzugenommen werden. Doch wenige Jahre später steigerte sich die Zahl der Besucher dermaßen, dass weitere Vergrößerungen erforderlich waren. Kaffeehausgründer August Nowak mietete noch die erste Etage des Gebäudes Schlossstraße 6 an. So war das aufstrebende „Café Central" in den 1880er-Jahren auf drei Häuser verteilt.
In der örtlichen Tagespresse hieß es unter anderem:

> *„dass sämtliche Räume nebst bescheidener Ausstattung bestens ventiliert, rauch- und zugfrei sind, ferner 3 neue Billards mit Peyraudbändem von B. Heber hier aufgestellt wurden, nicht minder für eine bedeutende Vermehrung der politischen und illustrierten Zeitungen gesorgt ist".*

Im Jahre 1890 intensivierte August Nowak seine Pläne, in Hamburg ebenfalls ein „Café Central" zu etablieren. Zunehmend war seine persönliche Anwesenheit in der Hansestadt notwendig. Einen geeigneten Nachfolger fand er in seinem langjährigen Oberkellner Peter Peböck.
Zunächst hieß es, die übernommenen vertraglichen Verpflichtungen zu erfüllen. Gleichzeitig kam er zur Überzeugung, „daß es für

das Café von hoher Wichtigkeit sei, den Schwerpunkt mehr und mehr nach dem Altmarkt hin zu verlegen". Die positive Entwicklung des unmittelbaren Konkurrenzunternehmens „Café Mêtropole" bestätigte die Richtigkeit dieses Gedankens. Der langgehegte Wunsch wurde Anfang November 1892 Wirklichkeit. Die Räumlichkeiten seines Kaffeehauses hatten sich auf die erste Etage des Hauses Altmarkt 2 erweitert. Lobende Zustimmung bekam er vom „Dresdner Journal" wenige Wochen später:

> *„Selbst Gäste mit verwöhntesten Geschmack dürften beim Besuch dieses nunmehr größten und glänzendsten Cafés Dresden zugeben, daß hier wirklich Schönes mit Zweckmäßigkeiten in harmonischer Verbindung gebaut ist."*

„Zur Ausstattung aller vorhandenen elf Räume, unter deren die vier neuen, dem Altmarkte zugekehrten Salons als die anziehendsten sich erwerben werden, hat Herr Peböck ausschließlich Gegenstände gediegenen Charakters gewährt und hervorzuheben ist, daß wir bei einheitlicher Gestaltung nirgends Überladung finden. Von seinem Geschmack zeigt namentlich der Damensalon, dessen Blumen, Spiegel, Malereien, Draperien überaus reizend wirken, und einen ungemein behaglichen Aufenthalt bietet der Salon für Nichtraucher."

Heute am 18. November Mittag

Totale Eröffnung

des vollständig renovirten u. elegant ausgestatteten

Café Central

DRESDEN, Ecke Altmarkt & Schlossstrasse.

Dasselbe repräsentirt sich nunmehr mit seiner neuen sehr eleganten und äusserst geschmackvollen Ausstattung als eine **Spezialität Dresdens** und wie es bisher der Fall war, in jeder Beziehung als

Etablissement I. Ranges.

Indem der Unterzeichnete aus diesem Anlasse ein hochverehrliches P. T. Publikum zum Besuche höflichst einladet, beehrt sich derselbe gleichzeitig bekannt zu geben, dass er seine 3 vollständig neuhergerichteten Billards, der heutigen Richtung gemäss, bedeutend verkleinern sowie mit den

berühmten Heberschen Gummibanden

versehen liess, ausserdem aber auch noch ein von ihm erfundenes, ganz besonders vorzügliches

Neues Queue-System

eingerichtet und zur Verfügung der P. T. Gäste gestellt hat.

Zum Schlusse noch für den mir bisher in so ganz besonderem Maasse zu Theil gewordenen gütigen Zuspruch verbindlichst dankend, empfiehlt sich der ferneren geneigten Gunst des hochverehrlichen P. T. Publicums unter dem Ausdrucke vorzüglichster Hochachtung und Ergebenheit

August Nowak,
Besitzer des Café Central.

Vom 1. Dezember l. J. an: **Telephon-Verbindung** zur gef. Benutzung für meine P. T. Gäste.

3605

Die Umbauarbeiten hatten zehn Wochen gedauert, ohne den laufenden Geschäftsbetrieb zu beeinträchtigen. Als größte Schwierigkeit erwies sich der Durchbruch zum historischen Eckhaus am Altmarkt. In der ersten Etage waren ehemalige Wände durch Eisenträger zu ersetzen, um die Vielzahl der Räumlichkeiten zu verbinden.

Eine vom Kaffeehausbesitzer Peböck herausgegebene Werbebroschüre aus dem Jahre 1894 verrät unter anderem auch den Umfang des vorhandenen Leseangebotes:

- 11 Ausgaben unterschiedlicher Dresdner Tageszeitungen
- 17 Zeitungen von anderen bedeutenden sächsischen Städten
- Vom benachbarten ehemaligen Preußen gab es Tageslektüre von 32 Städten

Insgesamt gab es 73 deutsche Zeitungen. Aber auch die europäischen Nachbarländer waren mit ihren Publikationen vertreten:

- 14 Zeitungen berichteten aus dem damaligen „Österreich=Ungarn"
- Frankreich war unter anderem mit dem „Figaro" vertreten.
- Aus England kamen die täglichen Ausgaben der „Times" und „Daily Telegraph".
- Weiterhin werden neben einzelnen Publikationen der skandinavischen Länder auch noch Belgien, Holland, die Schweiz, Spanien erwähnt. Besonderes Interesse galt einer Zeitung aus den fernen „Vereinigten Staaten von Nordamerika".

Auch wenn sie erst mehrere Tage nach ihrer Veröffentlichung in Dresden ankamen, enthielten sie einmaligen Informationswert über die aktuelle Weltpolitik. Aber auch das wöchentliche Zeitschriftenangebot konnte sich sehen lassen:

- Sechzehn unterschiedliche Publikationen berichteten über Literatur, Politik, Belletristik und Kunst.
- Fünfzehn berichteten über den Sport.
- Vierzehn Handelsblätter beschäftigten sich mit wirtschaftlichen Problemen.
- Musik- und Theaterfreunde hatten die Wahl zwischen acht Zeitschriften.

- Jeweils vier Zeitschriften informierten über „Medizin- und Naturwissenschaften“, „Länder- und Völkerkunde“ sowie über Bäder und Reisen.
- Drei Journale beschäftigten sich mit der „Kriegswissenschaft“
- Ferner gab es noch über 50 unterschiedliche illustrierte Wochenzeitschriften.

Diese Liste lässt sich fortsetzen. Fazit vom „Dresdner Journal“ ist:

> *„... Demnach stehen dem Besucher des Cafés gegen 300 Zeitungen, Journale, wissenschaftliche Blätter, Fachzeitschriften u.a.m., ferner die Adreßbücher der größten Städte Deutschlands und Österreich=Ungarns, verschiedene Militärrang= und Quartierlisten, der Gothaische Hofkalender, Konversationslexikon, Lotterieziehungslisten u.s.w. zur Verfügung ...“*

So ein reichhaltiges Leseangebot muss natürlich gepflegt und geordnet werden. Ein eigens eingestellter „Bibliothekar“ machte es möglich. Seine Aufmerksamkeit wurde von der Stammkundschaft geschätzt. So ist zu erfahren:

> *„Noch hat der Gast kaum Platz genommen, so liegen schon, von Herrn Wagners kundiger Hand geordnet, die gewünschten Zeitungen auf den schmucken Marmortischen.“*

Neue Erweiterungspläne in Richtung Altmarkt konnten im Jahre 1901 verwirklicht werden. Er übernahm aus der Konkursmasse das benachbarte „Café Mêtropole“. Es war eine Anerkennung der Leistungen seines langjährigen unmittelbaren Konkurrenten zukünftig unter dem Logo „Café CENTRAL und Café METROPOLE“ zu werben. Mit dem Zusammenschluss zählte es zu „den reichhaltigsten Zeitungs-, Zeitschriften- und Adressbücherpark“ in der sächsischen Residenzhauptstadt.
Ohne ein gut ausgebildetes Personal wäre die erfolgreiche Entwicklung eines so großen Kaffeehauses nicht möglich gewesen. Im Jahre 1906 waren ein Geschäftsführer, ein Billardmeister, sieben Zahlkellner, elf Kellner, vier Kassiererinnen, ein Büfettier, zwei Küchenchefs, fünf Küchenmädchen, zwei Portiers und fünf Hausdiener tätig. Und besonders erwähnenswert hält es Kaffeehausbesitzer

Peböck, dass einige seiner Mitarbeiter schon über zehn Jahre bei ihm tätig sind.

Dem damaligen Trend, Kaffeehausbesuche auch musikalisch zu untermalen, folgte Peter Peböck nicht. Konsequent verfolgte er sein Ziel Dresdens Informationsbörse Nr. 1 zu sein. Die aktuelle Zeitungs- und Journalauswahl hat bereits die stattliche Zahl von 500 erreicht. Ebenso verdoppelte sich die Anzahl der dickleibigen Adressbücher auf 80 Stück.

Die zusammengeschlossenen Kaffeehäuser verfügten nun über 40 Fenster in Richtung Altmarkt. Sicherlich ein guter Anreiz, um Gäste zu gewinnen. Damals war es üblich, Fensterplätze zu vermieten. Dieses geschah hauptsächlich bei Kaiserbesuchen, Festumzügen oder den Feierlichkeiten am Sedantag. Im September 1914 – der Erste Weltkrieg hatte gerade begonnen – kamen so 150 Mark Einnahmen zusammen. Der Kaffeehausbesitzer Peböck spendete 100 Mark dem deutschen und 50 Mark dem österreichischen Roten Kreuz.

Der anfänglichen Kriegseuphorie folgte recht bald Ernüchterung. Dieses dokumentiert der weitere Werdegang vom „Café Central". Kaiserliche Verordnungen gestatteten nur noch deutschlandfreundliche Publikationen als öffentlichen Lesestoff. Internationale zahlungskräftige Gäste wurden bereits nach dem drastischen Rückgang

Billardspielen sorgte für zusätzliche Entspannung der Besucher.

der „Fremdenverkehrszahlen“ im Spätsommer 1914 registriert. Gut ausgebildetes Fachpersonal stand kurz vor der Einberufung zum Kriegsdienst. Und ähnlich ging es vielen treuen Stammgästen. Die Reihen lichteten sich.
Weitere Schwierigkeiten ergaben sich mit den behördlich angeordneten Lebensmittelrationierungen. Die zugeteilten „Kriegskaffeeersatzmischungen“ konnten den gewohnten Bohnenkaffee nicht ersetzen. Ein beträchtlicher Rückgang der Gästezahlen war zu verzeichnen. Schweren Herzens entschloss sich Peter Peböck, sein Unternehmen zu verkleinern. Im April 1917 trennte er sich von den angemieteten Räumlichkeiten im Haus Altmarkt 3. Er vergaß aber nicht in den Ankündigungen in der örtlichen Tagespresse zu erwähnen, dass er den im Handelsregister eingetragenen Namen „Kaffee ZENTRAL & METROPOLE“ weiterführen werde.
Nachkriegswirren werden die folgenden Geschäftsjahre bestimmen. Als Beispiel soll jene Entschuldigung an seine treuen Gäste vom Juli 1919 dienen:

> „*Dem heutigen ausgebrochenen Streik der Gasthausangestellten hat sich auch mein arbeitswilliges Personal notgedrungen anschließen müssen.*
> *Ich halte jedoch mein Lesezimmer, Schloßstr. 2/4 von vorm. 11 bis abends 9 Uhr offen, um meinen geschätzten Lesegästen die bei mir ausliegenden ca. 500 Zeitungen, Adress- und Nachschlagewerke usw. zugängig zu machen.*
> *Daher bitte ich meine lieben Gäste, mein Lokal nach wie vor zum Zeitungslesen zu besuchen, auch wenn jetzt keine Bedienung mit Speisen und Getränken erfolgt.*“

Bereits wenige Wochen später konnte wieder zum normalen Geschäftsbetrieb übergegangen werden. Die aktiven Geschäftsjahre von Peter Peböck waren davon geprägt, sein Traditionsunternehmen auch durch die schwierige Inflationszeit zu bringen. Schon längst hatte er mit seinen Sohn Hans einen geeigneten Nachfolger gefunden. Als im Jahre 1924 die Goldenen Zwanzigerjahre auch in der sächsischen Landeshauptstadt begannen, war es nun die Aufgabe der nächsten Generation, ein „der Neuzeit“ entsprechendes Großstadtkaffee zu schaffen.

Jener setzte in den nächsten zwei Jahrzehnten auf die Traditionen seines Vaters. Wesentliche Modernisierungen oder eine neue Anmietung der im Ersten Weltkrieg abgegebenen Räumlichkeiten Altmarkt 3 gab es nicht. So wird bis heute das beim Bombenangriff zerstörte ehemalige Eckhaus Schlossstraße / Ecke Altmarkt als das ursprüngliche „Café Central“ in Erinnerung vieler älterer Dresdner bleiben.

20. Das eigenständige „ Café Mêtropole “ – Eine längst vergessene Kaffeehausgeschichte aus den 1890er-Jahren

Alles ist nur eine Frage des Standortes. Und der Name verrät es schon: das Café Mêtropole im Mittelpunkt musste im Zentrum einer pulsierenden Großstadt liegen. Das Areal rings um den Dresdner Altmarkt galt als hervorragende Geschäftsadresse. Doch waren die Pachtsummen in den Gebäuden, welche diesen großen Platz umrandeten, für einen Kaffeehausgründer kaum erschwinglich. Also hieß es, sich zunächst erst einmal in den naheliegenden Nebenstraßen umzusehen. Der gastronomische Unternehmer Joseph Munkascy fand schließlich geeignete Geschäftsräume. Jene befanden sich in unmittelbarer Nachbarschaft zum Eckhaus Altmarkt / Schössergasse. Im November 1891 eröffnete unter der Hausnummer 3 sein „Cafe Mêtropole“. Orientiert hatte er sich bei der Inneneinrichtung „nach Wiener Originalmuster“. Der heutige Standpunkt wäre die ungefähre Mitte des heutigen Foyers vom Dresdner Kulturpalast.

Es lohnt sich, in den örtlichen Pressenotizen der 1890er-Jahre zu blättern, um die geschäftliche Entwicklung zu verfolgen. Zunächst überzeugte das Mêtropole mit seinen Kaffeespezialitäten. Auch Kakao und Schokolade wurden ausgeschenkt. Fragen nach einem Glas Bier, einem edlen Wein oder einem Likör mussten noch verneint werden. Die „Bedürfnisfrage“ seitens des Gewerbeamtes zum Alkoholausschank war noch nicht geklärt. Zum 1. Oktober 1892 erhielt Munkascy dann die gewünschte Genehmigung. Feierlich wurde an diesem Sonnabend der erste Bieranstich zelebriert. Der Kaffeehausgast konnte zwischen drei Sorten wählen:

- Echt Pilsner aus dem Bürgerlichen Brauhaus zu Pilsen
- Echt Nürnberger von der Bierbrauereigesellschaft vorm. Gebr. Lederer in Nürnberg
- Echt Kulmbacher aus der ältesten Exportbierbrauerei Georg Sander zu Kulmbach.

Ab diesem Tage gab es nun auch noch eine „reichhaltige Auswahl von kalten Speisen“.

Einige Wochen später wurden die zweite und dritte Etage des Nachbarhauses Altmarkt 3 angemietet. Umbauarbeiten begannen und durch Hausdurchbrüche wurde das „Café Mêtropole“ wesentlich erweitert. Und es wurde nun auch endlich seinem Namen gerecht, wenn man von einem Fensterplatz das pulsierende Leben auf Dresdens größten Platz beobachten konnte. Ziel war es: „eine bedeutende Kundschaft aus den besten Gesellschaftskreisen der hiesigen Einwohnerschaft und der Fremdenkolonie“ anzuziehen.

Anfang Februar 1893 erreichte man „mit einem neuen eleganten Aufstieg vom Altmarkte aus“ die Kaffeehausräume. Im Erdgeschoss wurde ein „Biertunnel“ eingerichtet. Eine clevere Geschäftsidee. Tag und Nacht geöffnet. Mietkutscher und Lohndiener gehörten zu den ersten Gästen. Sie schätzten das preiswerte Speisenangebot von 30 Pfennig aufwärts. Passend zum Bier gab es auch preiswerte Fischbrötchen. Logisch, dass sich bei dem 24-Stunden-Betrieb nicht wenige Nachtschwärmer hierhin verirrten. Dresdens Tanzpaläste hatten schon längst geschlossen, als hier noch weiter getrunken wurde. „Strammer Hund“ oder auch „Schwemme“ wurde es im Dresdner Volksmund wenige Jahre später genannt.

Freunde des gehobenen Kaffeehausanspruches freuten sich im September 1893 über eine neue Erweiterung. Ein besonderer Raum war in einen „geräumigen Salon im Rokokostil“ eingerichtet worden. Das „Dresdner Journal“ hob besonders hervor, dass nur einheimische Firmen an der Umgestaltung beteiligt waren. So unter anderem bei der Tapetenauswahl, der Gasbeleuchtung und der Warmwasserheizung. Besonders ins Auge fielen „drei große Spiegel in stilgerechter Umrahmung – Meißner Porzellananimation“ und die

Rokokostanduhr, welche Uhrmacher Erler geliefert hatte. 160 der meistgelesenen europäischen Zeitungen standen zur Auswahl.
Die erfolgreichen ersten Geschäftsjahre ermutigten den Kaffeehauswirt Munkascy zu neuen gastronomischen Unternehmungen. In den Sommermonaten beteiligte er sich etwa mit einem Festzelt an der Dresdner Vogelwiese. Erfolgreich war auch seine Idee, im Seebad Ahlbeck ein Hotel anzumieten. So fungierte das „Café Mêtropole" wenig später auch als eine Art „Reisebüro". Denn auch vor hundert Jahren hieß es schon: „Wer eine Reise tut, sollte sich vorher informieren." Ein Angebot, was viele seiner Stammgäste dankend annahmen, um ihren Ostseeurlaub zu planen. Inserate in den örtlichen Tageszeitschriften brachten zusätzliche fragende Kundschaft.
Um die Jahrhundertwende versuchte er sich noch zusätzlich als Hotelier in der sächsischen Residenzhauptstadt. Er gründete das „Hotel Imperial" in der König-Johann-Straße. Das nur unweit von seinem Stammbetrieb entfernte Gebäude entsprach allen Anforderungen der „Neuzeit". Ebenso luxuriös ausgestattet wie vergleichbare einheimische Spitzenhotels wollte er auch in diesem Gewerbe zur ersten Adresse gehören.
Dem rasanten Aufstieg folgte wenig später der tiefe Fall. Sein mit vielen Krediten geschaffenes kleines gastronomisches Imperium war im Jahre 1901 nicht mehr haltbar. Insolvenz und Konkursverfahren waren die Folge. Um noch zu retten, was zu retten war, bot er dem Besitzer Peböck des benachbarten „Café Zentral" an, das „Café Mêtropole" aus der Konkursmasse zu kaufen.

21. „Steh-Cafés sind die Lösung für Dresden" – Unerwartete Konkurrenz im Jahre 1886

Es müssen nicht immer gleichartige gastgewerbliche Betriebe sein, welche den Kaffeehausbesitzern zu schaffen machen. Es kann auch die emsige Tätigkeit von Vereinen sein. Die anfangs belächelten Zusammenschlüsse erwiesen sich in der Konsequenz als ernsthafte Gegner. Insbesondere, wenn potenzielle Kaffeehausgäste abgeworben werden. So wie vom „Dresdner Bezirksverein gegen den Miss-

Auch am improvisierten Kaffeeausschank wurde Kaffee ausgeschenkt.

brauch geistiger Getränke“ erinnert. Eine erhalten gebliebene Gewerbeamtsakte im Stadtarchiv gibt darüber Auskunft. Im November 1885 unterrichtet der Verein den Stadtrat von seiner Absicht, an zentralen Orten der Residenzhauptstadt „Sodawasserbuden“ zu errichten und bat um die erforderliche Ausschankgenehmigung. Nachdem auch die letztendlich bestimmende „Königliche Sächsische Amtshauptmannschaft“ keine Bedenken gegen dieses Gesuch hatte, konnten bereits im Januar 1886 mit der Aufstellung solcher provisorischen Verkaufsbuden am Postplatz und Moritzdenkmal begonnen werden.

Aller Anfang war schwer. In den kalten Wintermonaten waren mit dem Ausschank von Sodawasser im Straßengeschäft kaum große Umsätze zu machen. Schließlich arbeiteten die Pächter ganzjährlich auf eigene Rechnung. So erfolgte eine intensive Werbung für alkoholfreie Heißgetränke. Neben dem wärmenden Teeangebot natürlich auch für den aufmunternden Kaffeegenuss. So berichtet das „Dresdner Stadtblatt“ in seiner Ausgabe vom 6. Januar 1886:

> *„… Steh-Cafés sind die Lösung für Dresden. Wie in vielen anderen Städten so wird auch demnächst bei uns in Dresden die Einrichtung getroffen werden, nach welcher in den Sodawasserhallen das Erfrischungsgetränk des Winters, der Kaffee, zum Ausschank*

gelangt. Der Dresdner Bezirksverein gegen den Missbrauch geistiger Getränke, der die Angelegenheit in die Hand genommen hat, hat zuerst die Sodawasserhallen am Moritzmonument und auf dem Postplatz für den welche Bereitung und Ausschank besorgen wird, leistet für die gute Qualität des Gebräus wohl vollauf Bürgschaft. Der Kaffee wird ganz rein, ohne Surrogat verschenkt. Der Preis von 1/4 Liter beträgt nur 5 Pfennig. Beigegeben wird ohne Preiszuschlag ein Stück Zucker und auf Verlangen 1/10 Liter Milch. Eine scharfe Kontrolle verhindert jede Verdünnung oder Verfälschung des Kaffees. Es wäre wünschenswert, dass diese neue Einrichtung durch das Publikum die gewünschte Unterstützung erhält, so dass recht bald diesen zwei „Dresdner Cafés" recht viele andere in allen Stadtteilen folgen mögen …"

In der wärmeren Jahreszeit verlief der Verkauf von Sodawasser recht gut. Nicht wenige Passanten schätzten die hier angebotenen alkoholfreien Erfrischungsgetränke. Um bei den Stadterkundungen schnell seinen Durst zu stillen – preiswert und ohne lästige Trinkgelder – wurde diese neue Einrichtung recht schnell angenommen. So gab es im November 1886 derartige Einrichtungen auch auf dem Neustädter Markt und dem naheliegenden Kaiser-Wilhelm-Platz vor dem Japanischen Palais.

Diese gute Entwicklung ermunterte die eifrigen Alkoholgegner zu weiteren Ideen. Zu groß war noch die Verführung in den zahlreichen gastgewerblichen Betrieben seinen Durst zu stillen. Und so manche schwache Seele ließ sich zu schnell verleiten, ein alkoholisches Getränk zu wählen. Dieses war auch in Dresdens Kaffeehäusern möglich. Und so dauerte es nicht lange, bis sie mit einem neuen Vorschlag, solche Besuche einschränken wollte. Eine Lösung sahen sie in den zahlreichen Brunnenanlagen Dresdens.

Eine eifrige Pressekampagne folgte im Sommer 1890. Selbst das eher konservativ geltende „Dresdner Journal" veröffentlichte einen Beitrag unter der Überschrift „Eine Bitte um Wasser". Hier einige der aus einer Arbeiterzeitung entnommenen Zitate:

„… An heißen Sommertagen, kann man in unseren Großstädten beobachten, wie Droschkenkutscher, Dienstmänner und Arbeiter die Sodawasserhallen aufsuchen, und für den Preis von 5 Pf. sich

ein kleines Glas dieses Luxusgetränkes kredenzen zu lassen. So sehr man sich hier vom Standpunkt der Alkoholgegner freuen darf, so muß man doch bedauern, daß unbemittelte Leute ihr Geld für dieses Getränk ausgeben müssen, an dem sie ja nicht die Kohlensäure, sondern nur das kühle Wasser schätzen. Viele andere greifen aus gleichem Grunde zum Bier und Branntwein und suchen Kneipen und Destillationen auf, nur weil sie nicht zu einem Trunk Wasser gelangen können.

Es scheint fast, als ob dies die naturgemäße Lösung einer durch rechtschaffende Arbeit ehrlich erworbenen Durstes des Arbeiters angesehen würde. Während der Durst der Hunde tierfreundlich durch Anbringung von Wasserbehältern in der Nähe der Pumpen oft gesorgt ist, entbehrt der Mensch die Gelegenheit, auf öffentlichen Straßen und Plätzen kostenlos einen frischen Trunk zuzuführen.

Und dabei geht durch Fontänen und Monumentalbrunnen in den großen Städten täglich in ungeheures Quantum frisches Wasser verloren. Wie leicht ließen sich gerade an diesen Bauwerken, die nur dem Schönheitszwecke dienen, eine Einrichtung anbringen, daß sich jeder aus den fortwährend laufenden Wasserstrahle mittels eines angeketteten Mittelbechers einen Trunk schöpfen kann! Wahrlich auch die ästhetische Freude an solchen Werken würde sich dadurch steigern! …"

Und weiterhin heißt es in diesem ungewöhnlichen Vorschlag:

„… Durch Anbringung in zweckentsprechender Höhe würde die Warenentnahme zu ökonomischen Zwecke und sonstiger mißverständlicher oder mißbräuchlicher Benützung leicht zu steuern sein und von seiten der Behörden würde lediglich der gute Zustand der Trinkgefäße, die am besten aus einem emaillierten Eisenblech bestehen und angeheftet bleiben, einer Aufsicht zu unterziehen sein …"

Letztendlich wird zur Bekräftigung auf Beispiele anderer europäischer Städte hingewiesen, wo es bereits derartige Einrichtungen gab. Dieser Vorschlag fand aus verständlichen Gründen kaum Zustimmung bei den zahlreichen Dresdner Gastwirten und Kaffeehausbesitzern. Ein ganzer Gewerbezweig hätte bei der Umsetzung dieses Vorschlages empfindliche Umsatzeinbußen hinnehmen müssen. So sahen es wenig später auch die Stadtverordneten, als über das Für und Wider diskutiert wurde. Sie befürchteten beträchtliche Rückgänge bei den Steuereinnahmen. Somit war die Idee zum Scheitern verurteilt.

22. Die „Konditoreiniederlage" im Großen Garten trug viele Namen – Am 1. April 1886 übernahm sie Gottlieb August Pollender

In den warmen Sommermonaten hatten Dresdens Kaffeehausgärten Hochkonjunktur. In Scharen zog es die Menschen insbesondere an den Wochenenden in den „Königlichen Großen Garten". Zahlreiche gastronomische Unternehmungen hatten sich hier seit den 1820er-Jahren etabliert. So zum Beispiel die „Große Wirtschaft" im ehemaligen Fasanenjägerhaus. In den kommenden Jahrzehnten sollte es sich durch die Vielfalt des Angebotes zu einem der größten Dresdner Biergärten entwickeln.

Um 1850 wurde im Kavaliershaus E an der Hauptallee eine „Konditoreiniederlage" eröffnet. Diese befand sich schräg gegenüber dem Palais-Teich. Verpachtet wurden die Räumlichkeiten an angesehene Bäcker- oder Konditormeister der sächsischen Residenzhauptstadt. Mit ihrem reichlichen Kuchen- und Kaffeeangebot sollten sie eine Alternative zu den bereits bestehenden Ausflugslokalen bilden. Während die Stadtgeschäfte weiterliefen, boten sich hier zusätzliche Verkaufsmöglichkeiten an. Der erste Pächter war vermutlich Theodor Schmidt, der 15 Jahre lang in der warmen Jahreszeit die „Ausflügler" beköstigte. Ihm folgte von 1866 bis 1875 Johann David Bauer. Und bis zum Jahre 1885 wird Friedrich Ernst Bennewitz der Kaffeegartenwirt sein.

Danach wurde die Pacht neu ausgeschrieben. Den Zuschlag bekam die Dresdner Konditorei „Pollender". Jene zählte schon seit vielen Jahrzehnten zu den bekanntesten Kaffeehäusern in der Neustadt. Das Stammhaus befand sich im Gebäude Hauptstraße 27.

Am 1. April 1886 übernahm Gottlob August Pollender die Bewirtschaftung der Konditoreiniederlage. Er setzte auf das altbewährte Prinzip seiner Vorgänger. Schließlich bestand sein Stammpublikum hauptsächlich aus den vielen gutsituierten Dresdner Familien, die einen Ausflug im Kgl. Großen Garten mit einem Besuch seines Cafés verbanden. Dieses erforderte eine reichliche selbstgebackene Kuchenauswahl und natürlich Speiseeisspezialitäten. Besonderes Augenmerk wurde auch auf Qualität des angebotenen Kaffees gelegt. Und so ließ man es sich auf der dazugehörigen Terrasse gut gehen. Während die Kinder die Schwäne am naheliegenden Palais-Teich fütterten, genossen die Erwachsenen den schönen Blick auf die herrlich gestalteten Gartenanlagen. Das prächtige barocke Palais, welches damals das Altertumsmuseum beherbergte, war nur unweit entfernt. Neugierig schauten sie auch auf die ankommenden Kutschen. Aus diesen stieg dann so manch bekannte Dresdner Persönlichkeit oder zahlungskräftige Fremde aus. Und zu erzählen gab es immer etwas.
Zeitiges Kommen war erforderlich, wenn die jährlich stattfindenden Pferderennen sich zum Treffpunkt höchster Gesellschaftsschichten entwickelten. Auch Angehörige der sächsischen Königsfamilie gehörten zu den Besuchern. Nach Beendigung der Veranstaltung zog traditionell ein langer Wagenkorso zurück in Dresdens Altstadt. Ein Terrassenplatz im „Café Pollender" versprach eine besonders gute Sicht. Schließlich führte der Heimweg durch die Hauptallee des Kgl. Großen Gartens.
Angeführt wurde der Zug von einem zur Hofhaltung zugehörigen Angestellten. Im Volksmund hieß er „der Klingelmann". Diesen Spitznamen verdankte er „dem melodischen Glockengeläut seines Pferdes". Es folgten die Mitglieder des sächsischen Königshauses. Der Oberstallmeister persönlich lenkte die erste Kutsche. Danach folgten eine Menge verschiedenster Fahrzeuge. So waren „Landauer, Sandschneider, fast vorsintflutlich anmutende Kaleschen, altertümliche Kutschen" zu bestaunen. Natürlich gab es auch einige moderne Fahrzeuge. Jedenfalls hatte die Stadtgendarmerie alle Hände voll zu tun, den Weg freizuhalten.
Vom Beginn seines Pachtverhältnisses an hatte Pollender auch alkoholische Getränke im Angebot. Seien es nun Liköre, Weine oder

verschiedene Biere. Eine Preisaufstellung vom 1. Januar 1887 verrät die gängigsten Sorten:

- „Culmbacher“ und „Spatenbräu“ bezog er aus Bayern.
- Pilsner aus dem „Bürgerlichen Brauhaus Pilsen“
- Das preiswerte „Lagerbier“ kam vom Plauenschen Lagerkeller in Dresden.

Aus dem Jahre 1892 ist zu erfahren, dass das „Café Pollender im Kgl. Großen Garten“ bereits ab 6 Uhr früh geöffnet sei. Um die gleiche Zeit begannen schon die Frühkonzerte in der „Großen Wirtschaft“. Ab 9 Uhr wurde dann eine stärkende Bouillon angeboten. Eine „Frühstücks=Speisenkarte“ ergänzte das Angebot. Weiterhin die aktuelle Zeitungsauswahl. So war der morgendliche Spaziergänger im Königlichen Großen Garten bereits bestens versorgt.
Im April 1909 endete die über zwanzigjährige Bewirtschaftung durch die Konditorei Pollender. Neuer Pächter wurde Gustav Bretschneider, der bereits durch seine Tätigkeit im „Café Faust, Weißer Hirsch“ sich einen ausgezeichneten Ruf erarbeitet hatte. In seinem Eröffnungsinserat heißt es unter anderem:

> *„Vom 17. Mai ab finden jeden Donnerstag große Militär-Konzerte statt und als Küche und Keller werde ich vom Besten das Beste bieten. Zur Ausstellung des Konditorei-Büfetts, sowie der Herstellung von Spezialitäten zahlreicher Kuchensorten befindet sich eigene Bäckerei im Etablissement und werden Bestellungen (Telephon 3183) im Haus promptest erledigt.“*

Zukünftig wurde unter der Firmierung „Café Bretschneider“ geworben. Ein schwieriges Jahrzehnt ist mit diesem Pachtverhältnis verbunden. Zunehmende Konkurrenz bekam die Konditorei mit den immer größer werdenden „Vergnügungsparks“ am Städtischen Ausstellungspalast. Viele Gäste blieben aus oder scheuten den langen Weg. Zahlreiche gemeinsame Beschwerdebriefe mit den anderen Pächtern der Restaurationslokalitäten im Großen Garten zeigten bei der Königlichen Verwaltung keinen Erfolg. Im März 1914 ist zu erfahren, dass Elisabeth Bretschneider den Konditoreibetrieb nach dem Tode ihres Mannes weiterführte. Kaum einer ahnte, dass wenige Monate später der Erste Weltkrieg begann. Nach der anfäng-

lichen Kriegseuphorie kam schnell die Ernüchterung. Der drastische Rückgang der Fremdenverkehrszahlen machte sich auch hier bemerkbar. Neben dem fehlenden zahlungskräftigen auswärtigen Publikum wurde auch die Anzahl der Stammgäste geringer. Familienausflüge konnten sich nur noch wenige leisten.
Auch der Nachfolger Alfred Bernhardt, der Anfang der 1920er-Jahre den Kaffeehausbetrieb übernahm, hatte zunächst mit ähnlichen Problemen zu kämpfen. Erst nach dem Ende der Inflation machten es geschäftliche Investitionen wieder möglich, die Konditoreiniederlage wieder zu einem beliebten Ausflugslokal zu machen. Geworben wurde unter anderem mit den Namen „Palais Café". Zwölf Jahre wird die lange Geschichte dieses Gebäudes mit seinem Namen verbunden sein. Einige Pächter werden noch bis zur Zerstörung des historischen Gebäudekomplexes beim Bombenangriff Februar 1945 folgen. Ein hundertjähriges Jubiläum konnte nicht mehr gefeiert werden.

23. „Residenz-Café" – König-Johann-Straße 2

Dresden im Oktober 1888. Die neu geschaffene König-Johann-Straße (heute Teilstück der Wilsdruffer Straße) steht kurz vor dem Ende ihrer Fertigstellung. Zwischen Altmarkt und Pirnaischem Platz wird so ein direkter Verkehrsweg entstehen. Zahlreiche neue Geschäfts- und Wohnhäuser gaben der neuen Straßenverbindung einen prachtvollen Glanz. Schließlich hatten sich die städtischen Planer das Ziel gesetzt, – neben der Prager Straße – eine weitere lukrative Einkaufsmeile in der Residenzhauptstadt zu schaffen.
Das schmale Haus König-Johann-Straße Nr. 2 gehörte zu den letzten Gebäuden, die der Öffentlichkeit übergeben wurden. Es stand dort, wo heute das „Haus Altmarkt" zu finden ist. Im Oktober 1888 eröffnete hier das „Residenz-Café". Es gehörte wenige Jahre später zu den bekanntesten Kaffeehäusern Dresdens. Von vornherein war vorgesehen, es Tag und Nacht offenzuhalten. Damit wollte man dem Trend einer sich entwickelnden modernen Großstadt entsprechen.
Am Vorabend der offiziellen Eröffnung wurden abends um zehn Uhr zahlreiche Journalisten eingeladen. Die Betreiber wollten ihnen

Rund um die Uhr war das „Residenz-Café“ geöffnet.

die damals modernste Beleuchtungstechnik präsentieren. Schließlich wollte man auch in den Nachtstunden eine angenehme Atmosphäre bieten. Den Reporter vom „Dresdner Journal“ überzeugte die Vorführung. So schrieb er am nächsten Tage begeistert von seinen Eindrücken:

> *„Das genannte Lokal wird durch 4 Kronleuchter zu je 5 Flammen, 7 Kronen à 3 Flammen, 2 Billardleuchten à 8 Flammen, 3 Ampeln à 1 Flamme, 1 sogenannter Doppelarm mit 2 Flammen und 12 Wandarme à 2 Flammen erleuchtet, während am Eingange 2 Laternen angebracht sind.“*

Insgesamt zählte er 88 Gasflammen, die aber auch durch elektrische Glühlampen ersetzt werden konnten.
Am nächsten Tag „1 Uhr mittags“ war es dann soweit. Das „Residenz-Café“ eröffnete erstmals seine Türen für das breite öffentliche Publikum. Die Neugier war groß und der Andrang dementsprechend. Der erste Pächter E. Liebmann sparte keine Kosten, um dieser neuen Einrichtung ein besonderes vornehmes Flair zu verleihen. Das Porzellangeschirr wurde extra nach seinen Wünschen hergestellt. Die Wände schmückten Porträts der sächsischen Königsfamilie. Ein anderes großes Gemälde zeigte den deutschen Kaiser. Es gab einen kleinen Salon für die Nichtraucher und am entgegengesetzten Ende des Etablissements ein Billardzimmer.

Entsprechend der Mode jener Zeit wurde das neue Café im „Wiener Stil“ geführt. Die österreichische Hauptstadt galt mit seiner Kaffeehauskultur als Vorbild. Der Inhaber E. Liebmann hatte damit keine Probleme. Schließlich kam er aus Wien. Fast vier Jahre wird er das Kaffeehaus erfolgreich führen. Dann folgten verschiedene Pächterwechsel in den 1890er-Jahren. Der Hauseigentümer war die „Baubank für die Residenzhauptstadt Dresden“. Im Jahre 1904 fand sie in dem Restaurateur Josef Iser wieder einen langjährigen Kaffeehausbesitzer. Er wird in dem nächsten Jahrzehnt eines der beliebtesten Einkehrstätten am Altmarkt schaffen.
Als ein wahres „architektonisches Schmuckkästchen“ bezeichnet es das „Dresdner Salonblatt“ im Jahre 1912. Besonders lobend wurde der große Balkon erwähnt. In einer „Ausdehnung von reichlich 40 Metern Länge“ hatte man einen hervorragenden Ausblick auf das pulsierende Geschäftsleben der König-Johann-Straße.
Die alte Kaffeehauskultur war in den Jahren des Ersten Weltkrieges nicht mehr zu halten. Zunehmend wurde es schwieriger ein reichhaltiges Kaffee- und Kuchenangebot zu gewährleisten. „Ersatzkaffee“ und Kleingebäck bestimmten zunehmend das Angebot. Nachkriegswirren und Inflation bestimmten die nachfolgenden Jahre. Erst mit dem Beginn der Goldenen Zwanzigerjahre konnte der Kaffeehausbetrieb an die Erfolge der Vorkriegszeit anknüpfen.
Als Großstadtkaffee wird es weiterhin rund um die Uhr seine Gäste bewirten. Inserate in der örtlichen Tagespresse im September 1930 verraten, dass das „Residenz-Café“ einem vollständigen Umbau unterzogen worden war. Helene Iser, Witwe des langjährigen Besitzers, lud zum Besuch ein. In der ersten Etage befand sich das reichhaltige Kuchenbüfett, welches von der einheimischen Großkonditorei „Schmorl“ bestückt wurde. Weiterhin gab es eine kleine Speisekarte mit Spezialitäten der kalten und warmen Küche. Neben dem reichhaltigen Angebot an Heißgetränken gab es „gut gepflegte Biere und Weine“. Das zweite Stockwerk diente als Heim des Dresdner Schachvereins. Hier trafen sich die Freunde dieses Sportes, um so manche Partie zu spielen.
Durch den idealen Standort im Herzen Dresdens, konnte man sich auch in den kommenden Jahren reichlichen Besuches sicher sein. Mit dem Beginn des Zweiten Weltkrieges musste das Angebot wie-

der beschränkt werden. Kaffeehausbetreiber und zahlreiche Stammgäste hofften auf friedlichere Zeiten. Ein Traum, der mit der Zerstörung des Gebäudes beim Bombenangriff im Februar 1945 ein jähes Ende fand.
In den 1950er-Jahren versuchte man mit dem Bau des Restaurantkomplexes „Haus Altmarkt" die Kaffeehaustradition wiederzubeleben. Bis zur Wende verfügte es auch noch über eine hauseigene Konditorei. Im Parterre des Hauses ließ man es sich bei Kaffee und Kuchen gut gehen. Nach 1990 verschwand schließlich aber das letzte Stück Dresdner Kaffeehauskultur an dieser Stelle.

24. Aus einem humoristischen Reisehandbuch vom Jahre 1890

Über zwanzig Jahre (1876–1897) wurde im Deutschen Kaiserreich über die Reime der sächsischen Witzblattfigur „Fritze Bliemchen" gelacht. Mit großer Spannung wurde auf jede Fortsetzung gewartet. Harmlos und naiv berichtete der „reisefreudige Beobachter" über die alltäglichen Gewohnheiten seiner Zeitgenossen. Die vielen Neuauflagen der kleinen Heftchen zeugen von der Beliebtheit dieser Verse. Die hohen Verkaufszahlen überzeugten andere Verlage, ähnliche Produkte auf den Markt zu bringen. „Bliemchenliteratur" hatte Hochkonjunktur.
Selbst der bekannte Reisebuchverlag „Baedeker" verschloss sich dieser neuen Entwicklung nicht. In einer kleinen Publikation ließ sich „Fritze Bliemchen" von einem einheimischen Begleiter das alltägliche Leben in der sächsischen Residenzhauptstadt Dresden erklären. Bis zur Besichtigung der Sehenswürdigkeiten hatte er zunächst noch zu warten. Zunächst hieß es, sich in einem der zahlreichen Kaffeehäuser für den Tag zu stärken. Wertvolle Tipps folgten:

Bunkt Zehne freilich laß ich Sie alleene
Un mache beh à beh mich uff de Beene.
Mei is das so gewohnt als Dräsner Bärger,
Un sonstens gäb's der heeme ooch bloß Ärger.

Sie haben noch keene Lust? Sie sein auf Reesen,
Gut, trinken sie gemietlich noch än Heeßen.
In Keenigs „Wiener Kaffee" als in „Central"
Bei Limberg oder in „Imperial" –.

Ach so, Sie wollen ja nach Neistadt 'nieder!
Ja, dort, weeß Knopploch, 's geht nischt drieber
Ibber Pollendersch' Kuchen und Kaffee,
Ei säpperment, haben die à Rennemée!

Ooch „Metropol" un „Kreutzkamm" un „Mansroni" –
Nu, ibber all bei uns, ich sage Sie,
Die Sache is Sie wirklich nich ganz ohne,
Mir machen Kaffee bloß aus Kaffeebohne!

25. „Potz Blitz!" – Die volkstümliche Kaffeehausadresse in Blasewitz

„Sommerfrische" war im ausgehenden 19. Jahrhundert ein populäres Wort. Wer es sich leisten konnte, verband damit einen mehrmonatigen Wechsel des Wohnortes in die erholsamen Vorortgemein-

Schmucklose Gaststuben, dafür einen herrlichen Gästegarten gab es im Café-Restaurant „Potz Blitz!"

den der sächsischen Residenzhauptstadt. Andere verbanden mit diesem Begriff ihre sonntäglichen Familienausflüge zur wärmeren Jahreszeit. Möglichkeiten dazu gab es in allen Himmelsrichtungen. Ein authentisches Bild können nur die Erinnerungen von Zeitzeugen geben. So empfand man schon in den 1920er-Jahren. Unter dem Titel „Harmlose Bilder aus einer harmlosen Zeit“, berichtet ein alter Dresdner auf seine ganz eigene Art von seinen Kindheitserinnerungen. Und seine Zeilen trafen den Nerv der Zeit. Erinnerten sie doch an jene ruhigen Jahre, wo man politische Nachkriegswirren und Geldentwertung (Inflation) – nach einem verlorenen Krieg – noch nicht kannte. Und die Entwicklung Dresdens zur Großstadt steckte noch in den Kinderschuhen.
Ging es in Richtung Blasewitz, damals noch durch ein Birkenwäldchen, kannten die Kinder schon die erste Lokalität, in der Rast gemacht wurde. Hierbei handelte es sich um eine Kuchenbäckerei in der damaligen Residenzstraße (heute Loschwitzer Straße) namens „Potz Blitz!“. Während die Eltern zum zigsten Male das Schillerzitat zu dem ungewöhnlichen Namen erklären wollten – etwas Kultur sollte schon sein – begab man sich schon auf die Suche nach freien Plätzen im Kaffeehausgarten.
So wurde kaum noch hingehört, wenn von der denkwürdigen Begegnung Friedrich Schillers mit der schönen Wirtstochter Justine Segedin in dieser Vorortgemeinde erzählt wird. Die attraktive junge Frau blieb ihm im Gedächtnis und ein Jahrzehnt später verewigte er sie mit dem Spruch: „Was der Blitz! Das ist ja die Gustel aus Blasewitz“ in einem seiner bekanntesten Werke „Wallenstein“. Der Volksmund machte später daraus den Ruf: „Potz Blitz! Die Gustl von Blasewitz“.
Einmal Platz gefunden, war die angebotene Kuchenauswahl erstmal viel interessanter. Während sich die Erwachsenen mit einer Tasse Kaffee stärkten, bekamen die Kinder eine Tasse heißen Kakao oder ein Glas Milch. Wurde es ihnen zu langweilig am Kaffeetisch, erkundeten sie die nähere Umgebung. Und da gab es selbst im kleinen Gästegarten so vieles zu entdecken. Natürlich unter den aufmerksamen Blicken ihrer Eltern. Während die Väter begannen zu „politisieren“, konnten sich die Mütter ihren angefangenen Strickarbeiten widmen. So vergingen einige gemütliche Nachmittagsstunden in angenehmer

Idylle. Eine Zwischenstation – denn oft fanden solche Familienausflüge in den vorabendlichen Stunden in den alteingesessenen Gasthöfen von Blasewitz oder Loschwitz ihr Ende.
Wann das erste Mal unter dem Namen „Potz Blitz!“ geworben wurde, ist nicht überliefert. Es wird wohl in den 1860er-Jahren gewesen sein. Jedenfalls warb bereits wenige Jahre später Wilhelm Benjamin Heinke für sein „Eiskeller-Restaurant Potz Blitz“. Seine Lokalität am Eingang vom alten Dorfkern Blasewitz war auch gut für Wandermuffel erreichbar. Schließlich gab es hier eine „Pferdebahn-Station“. Der Werbeslogan: „Gut gepflegte Biere auf Eis, diverse Sorten Weine, Kaffee, warme und kalte Speisen zu billigen Preisen“ kam an. Damals war vermutlich dem Restaurantbetrieb eine Fleischerei angeschlossen. „Stets frisches Fleisch und Wurstwaaren“ hieß es weiter in den Inseraten. Zweimal in der Woche lud er zum Schlachtfest ein. Gleichzeitig verkaufte er in den Sommermonaten Roheis, das in seinem Eiskeller gelagert wurde. Dankbar nahm die unmittelbare Nachbarschaft dieses Angebot an. Denn leichtverderbliche Lebensmittel waren so länger haltbar. Kühlschränke gab es noch nicht.
Die weiteren zwei Jahrzehnte waren durch häufiges Wechseln der Pächter gekennzeichnet. Aus den Akten des Gemeindevorstandes Blasewitz ist zu erfahren, dass sich ein Streit um die Freitreppe am Eingang entwickelte. Zunehmender Fremdenverkehr machte eine Erweiterung der Residenzstraße erforderlich.
Erst der zunehmende Druck zuständiger Kgl. Amtshauptmannschaft erreichte das Ziel. Im März 1879 kam dann Vollzugsmeldung seitens der Gemeindevertreter. Das Ausflugslokal „Potz Blitz!“ erhielt einen neuen Eingang.
Im Jahre 1887 wurde bereits unter dem Namen „Café-Restaurant Potz Blitz!“ geworben. Aus der angeschlossenen Fleischerei ist eine Bäckerei geworden. Schließlich wurde mit den zahlreichen in den Nachmittagsstunden einkehrenden Gästen der meiste Umsatz gemacht. Zusätzliche Popularität hatte es bereits zwei Jahre vorher erlangt, als in Blasewitz das hundertjährige Jubiläum des ersten Besuches von Friedrich Schiller gefeiert wurde.
Eine ständige Bewirtschaftung lässt sich erst nach 1890 nachweisen. Im September erhielt Ernst Ferdinand Leipnitz den erforderlichen

Konzessionsschein. Über fehlende Gäste konnte er sich in den nächsten Jahren kaum beklagen. So wurde mit großer Neugier der Bau der „König-Albert-Brücke“ verfolgt. Jene spätere direkte Verkehrsanbindung zwischen Loschwitz und Blasewitz hieß bald im Dresdner Volksmund „Blaues Wunder“. Und als gleichzeitig der Schillerplatz mit vielen neuen Geschäftshäusern umgestaltet wurde, gab es hier im Gästegarten eine kleine Erholungsoase mit ländlicher Idylle.
Die Gästeräume wurden 1897 erweitert und umgebaut. Der zunehmende Fremdenverkehr erforderte diese Maßnahmen. Dazu wurden auch die ehemaligen Bäckereiräume genutzt. Und einige Jahre später bot er potenziellen Gästen noch einen besonderen Kundendienst an. In einer Zeit, wo das neue Verkehrsmittel „Fahrrad“ noch mit Argusaugen betrachtet wurde, gab es hier bereits einen Verleih. Ein sicheres Fundament für weitere Betreiber war gelegt. Viele Altdresdner können sich noch an diesen unscheinbaren Flachbau erinnern. Sie schätzten die „schmucklosen Gaststübchen“ und den schattigen Gästegarten, in dem es auch mal eine Kegelbahn gegeben hatte. Bis Anfang der 1960er-Jahre konnten sie hier noch einkehren. Dann wurde der gastronomische Betrieb geschlossen. Der Zahn der Zeit nagte bereits am Gebäude. Das nötige Geld für eine Modernisierung fehlte. Vielleicht passte es auch nicht mehr in das Gesamtkonzept in der Entwicklung des Stadtbezirkes Ost. Der DDR-Spruch „Ruinen schaffen ohne Waffen“ würde hier jedenfalls zutreffen. Der desolate Zustand des Gebäudes im Jahre 1978 veranlasste Dresdens Stadtverwaltung, das historische Gebäude abzureißen. Der letzte Eigentümer wurde nicht gefragt.

26. „Stadt-Café“ – Am Postplatz / Sophienstraße 9

Es wird wohl in der Mitte der 1890er-Jahre gewesen sein, als im Schatten des bekannten „Stadtwaldschlösschen“ am Postplatz ein neues Kaffeehaus errichtet wurde. Irgendwie wirkt jenes Gebäude auf alten Ansichtskarten als ein schnell geschaffenes Provisorium. Und doch hatte der Besuch einen ganz eigenen Reiz. Zahlreiche

Ein idealer Standort bescherte viel Laufkundschaft.

Laufkundschaft verdankte es nicht zuletzt seinem idealen Standort. An dem Schnittpunkt zwischen dem Dresdner Zwinger und dem Beginn der engen Gassen der Dresdner Altstadt konnte es einfach nicht verfehlt werden.

Im Jahre 1896 übernahm Carl Weller den Kaffeehausbetrieb. Ein Freund großflächiger Werbung in der örtlichen Tagespresse war er nicht. Ihn erfreute schon die kleine Erwähnung in zeitgenössischen Reisehandbüchern. Schließlich lebte das „Stadt-Café" von den zahlreichen Tagestouristen. Sie machten den Großteil des Gästepublikums aus. Weiterhin natürlich auch die Angestellten der naheliegenden Museen und Behörden, welche hier ihr Stammfrühstück bei ausliegender Zeitungslektüre einnahmen. Das Geschäftsprinzip ging auf. Zwölf Jahre wird er die gastronomische Bewirtschaftung leiten. Dann suchte er eine neue berufliche Herausforderung. Er übernahm im Vorort Blasewitz das Restaurant „Goethegarten".

Sein Nachfolger wurde im Jahre 1908 der langjährige Oberkellner Hoffmann vom stadtbekannten Bierrestaurant „Löwenbräu". Ihm bot sich hier der erste Schritt in die Selbstständigkeit. Wie sein Vorgänger hatte er im Herzen Dresdens einiges zu bieten. Ein schöner schattiger Garten erwartete die Gäste in den Sommermonaten. Die einfache Einrichtung wurde durch den einmaligen Blick zum nahen Dresdner Zwinger entschädigt. Hier ließ man es sich bei Kaffee und Kuchen gut gehen. Auch „Echte Biere" und „Weine erster Firmen" wurden angeboten. Das Gebäude war auch über Nacht geöffnet. Sicherlich herrschte hier nicht so ein lebhafter Verkehr, wie in vergleichbaren Kaffeehäusern der Altstadt. Hier ging alles ruhiger und besinnlicher zu. Und nicht wenige Gäste schätzten es, dass keine „Künstler-Konzerte“ abgehalten wurden. Ein Brauch, der in vielen Kaffeehäusern Dresdens vor dem Beginn des Ersten Weltkrieges üblich war.

Die Geschäftsphilosophie ging auf. Das bescheidene „Stadt-Café“ überstand als bescheidenes Familienunternehmen die schweren Kriegsjahre und auch die Inflation. Weiter wurde nur in bescheidenen Inseraten geworben. Als Kaffeehausbesitzer O. Hoffmann am Ende der 1920er-Jahre verstarb, übernahmen seine Erben die gastronomische Leitung. Es war in jener Zeit, als der Dresdner Zwinger einer umfangreichen Sanierung unterzogen wurde. Als die großen Holzgerüste an den Fassaden fielen, begann man mit der Neugestaltung der Außenanlagen. Kritisch, skeptisch, aber auch mit großer Neugier wurden die Arbeiten verfolgt. Und nicht wenige Beobachter verbanden ihre Ortsbesichtigung mit einem Besuch im „Stadt-Café“.

Anfang der 1920er-Jahre gab es Pläne, das ganze Gebäude – einschließlich Stadtwaldschlösschen – abzureißen. Eine größere und breitere Verkehrsanbindung, sollte den engen Postplatz entlasten. Diese großstädtischen Pläne scheiterten aber an den fehlenden Geldmitteln.

So konnten beide gastronomischen Betriebe ihre Tätigkeiten ungestört fortsetzen. Erst einige Jahrzehnte später wurde im Februar 1945 das historische Gebäude am Postplatz komplett zerstört. An einen Wiederaufbau war nicht mehr zu denken.

27. Das „Café am Hauptbahnhof“ – Unterführung Prager Straße / Bismarckstraße 3

Eifrig beobachteten die Dresdner in der Mitte der 1890er-Jahre das Baugeschehen um den Hauptbahnhof. Umso erstaunter nahmen sie zur Kenntnis, dass unter den bereits fertiggestellten Gleisbögen ein

Kaffeehaus entstehen sollte. Die Meinungen zu einer solchen Nutzung dieser Räumlichkeiten waren geteilt. Die Hauptfrage: Ist hier überhaupt eine gastgewerbliche Nutzung rentabel? Verfügen nicht die neuen Restaurationsräume im Hauptgebäude über genügend Plätze? Andererseits übten Fernbahnhöfe damals eine magische Anziehungskraft aus. Nicht nur um zu verreisen, sondern auch zum Schauen.

Die „Königliche Generaldirection der Sächs. Staats-Eisenbahn" freute sich als Eigentümer bei der Ausschreibung über die zahlreichen Bewerber. Den Zuschlag erhielt Ernst August Liebsch. Unter anderem war er über zehn Jahre als Oberkellner im Vorgängerbau (Böhmischer Bahnhof) tätig und kannte die zahlreichen Wünsche der Gäste in unmittelbarer Bahnhofsnähe. Seine Aufgabe war es nun, auf etwa 400 Quadratmetern Fläche ein Kaffeehaus zu etablieren.

In den Anfangsjahren liefen die Geschäfte recht gut. Als im Jahre 1902 das „Kaiser-Café" am Eingang zur Prager Straße eröffnete, bekam er eine starke Konkurrenz. Mit diesem modernen Gebäude konnte er sich aber nicht vergleichen. Auch hatte er nicht solch eine interessante Aussicht auf das Großstadtleben.

Schwierige Zeiten brachen an. Zunächst sanken die Gästezahlen. Später verabschiedeten sich gut ausgebildete Kellner, die auf Trinkgeld angewiesen waren. Pächter Liebsch war kein Freund großspuriger Inserate. Er beobachtete sehr genau die Konkurrenz. Kurz vor dem Ersten Weltkrieg erfolgten noch einige Umbauten, welche das Geschäft neu beleben sollten. Die treuen Billardspieler bekamen einen eigenen Raum. In einem neu geschaffenen Raum wurde eine Orchesternische geschaffen. Dieser präsentierte sich in einem Farbenspiel von Grün, Weiß und Gold. „Dresden ist um ein neues Konzert-Café reicher geworden", klingt es optimistisch in der örtlichen Tagespresse. Sarkastisch drückt sich das Klatschblatt „Dresdner Revue" zu den geplanten täglichen Konzerten aus. So heißt es unter anderem nach bohrenden Fragen:

> „... *Wie Herr Liebsch lächelnd erklärt, – unter Beachtung des Fahrplanes. Warum soll man sich auch die Verbindung von Radetzky-Marsch und Wiener Schnellzug nicht denken können? ... Das Projekt des Herrn Liebsch wird sicherlich viele Freunde finden ...*"

Doch spätestens mit Kriegsbeginn im Sommer 1914 ließen sich auch diese Investitionen nicht mehr rechnen. Der damit verbundene drastische Rückgang des Fremdenverkehrs bescherte ihm nicht die erhofften Gästezahlen. Zudem wurde es schwieriger, die engagierten Musiker zu bezahlen. Und auch einige von ihnen wurden bereits zum Kriegsdienst eingezogen.
Wann der Kaffeehausbetrieb unter den Gleisbögen eingestellt wurde, ist nicht zu klären. Doch ist es den Erinnerungen eines Dresdner Kellners aus dem Jahre 1941 zu entnehmen, dass jene Lokalität im einheimischen Volksmund auch als „Café Rumpel" bezeichnet wurde. Warum? – Weil „die Züge unermüdlich darüberwegrumpelten!"

28. „Café Wickel" – Schlossstraße 14

Das genaue Gründungsdatum ist noch nicht ermittelt. Es wird wohl um die Jahrhundertwende gewesen sein, als unter der Adresse Schlossstraße 14, erstmals zum Besuch vom „Café Wickel" geworben wurde. So versprachen Inserate aus dem November 1901 einen angenehmen „Aufenthalt für Jedermann". Es sei vor und nach dem

„Café Wickel" auf der Schlossstraße 14, Postkarte um 1900.

Theaterbesuch für alle empfehlenswert. Es war täglich von sieben Uhr morgens bis nachts um ein Uhr geöffnet. Zu den Spezialitäten zählten neben den Torten „Obst- und Beerenweine à Glas 15 Pf.“. Nur wenigen war auch bekannt, dass hier in bester Stadtlage „gute Fremdenzimmer“ zu „billigen Preisen“ zu mieten waren.

Ein Kaffeehausbetrieb mit angeschlossener Zimmervermietung hatte damals großen Seltenheitswert. Und es gab noch eine weitere Besonderheit, wie alte Ansichtskarten bezeugen. So heißt es dort im Untertext „Reform-Hotel und Restaurant / Bevorzugt durch gute Bewirtung mit reinen wohlschmeckenden Kaffee, Kakao, etc. … / Vorzügliche kalte Getränke / Delicate kleine Mahlzeiten“. Nun erst wird jenes kleine Unternehmen für die Dresdner Gastgewerbeforschung interessant. Das zunächst als „Eintagsfliege“ gehaltene „Café Wickel“ wird einige Jahrzehnte das Dresdner Kaffeehausangebot mit einem ganz eigenen Akzent bereichern.

„Das Alte stürzt, es ändert sich die Zeit“, hieß es schon in der „Reformbewegung“ vor über hundert Jahren. „Lahmann's Sanatorium“ in der Vorortgemeinde Weißer Hirsch konnte sich bereits über zahlreiche Kurgäste freuen. In zahlreichen Vorträgen warb er für eine gesunde Ernährungsweise. „Natürlichkeit, Einfachheit, Mäßigkeit“ hieß der Ratschlag in der damals schon schnelllebigen Zeit. Umso dankbarer war er, dass seine Vorschläge auch von einigen Kaffeehausbesitzern aufgegriffen wurden. Sie stellten ihr Getränke- und Speisenangebot auf diese neuesten gesundheitlichen Erkenntnisse um. Es blieb nur die Hoffnung, dass seine Patienten bei ihrem Ausflug in die Dresdener Altstadt solche Lokalitäten auch besuchten. Zu groß war weiterhin die Verführung traditioneller Kaffeehäuser, in deren Schaufenstern wahre „Kalorienbomben“ von Torten ausgestellt waren.

Viel Aufklärung war noch nötig, und einen kleinen Beitrag dazu leistete das „Café Wickel“. In den vegetarischen Kochbüchern im ausgehenden 19. Jahrhundert fehlten natürlich auch nicht Rezepte für „Brot, Torten, Kuchen und sonstiges Gebäck“. Abschließend vergaß man aber nicht folgende fettgedruckte Empfehlung:

> *„In allen Mehlspeisen, namentlich Kuchen, Stollen, Bäben, kann man das in den Rezepten vorgeschriebene weiße Mehl zur Hälfte mit Grahammehl mischen.“*

Vollkornprodukte hielten Einzug in die ersten Kaffeehäuser. Weiterhin heißt es:

> *„Ferner sei auf die Speisen und das Gebäck in denen Hafermehl und Nüsse verarbeitet sind, wegen ihres Nährwertes und ihrer Schmackhaftigkeit besonders aufmerksam gemacht."*

Der Einfallsreichtum der Bäcker war gefragt, um die neuen Rezepturen auch verkaufsfähig zu machen. Die Qualität der Backwaren überzeugte. Die anfängliche Skepsis erwies sich recht bald als unbegründet. Die zunehmende Aufklärung über eine bessere und gesundere Ernährung bescherte ein stetig wachsendes Gästepublikum. Vegetarische Gerichte ergänzten das Speiseangebot. Als Unterschied zu anderen Kaffeehäusern wurde kein Bier ausgeschenkt. Das damalige Stammpublikum schätzte das etwas andere Kuchen- und Getränkeangebot.

29. Das „Central-Theater-Café" – Waisenhausstraße 6–7

Im September 1899 wurde das „Central-Theater" in der Waisenhausstraße eröffnet. Jener neu errichtete prunkvolle „Neobarockbau" zählte damals zu den sehenswertesten Neubauten in der sächsischen Residenzhauptstadt. Der Eigentümer Hofjuwelier Mau scheute keine Kosten, um ein besonders attraktives Gebäude errichten zu lassen. Er war für die Dresdner kein Unbekannter. Schließlich hatte er schon wenige Jahre vorher den Bau des bekannten Victoriahauses finanziert. Gleichzeitig entstand in dem neuen Gebäude ein moderner Restaurantkomplex. Unter dem Namen „Central-Theater-Passagen" wurde gleich für drei gastronomische Einrichtungen geworben. So gab es ein „Wein-Restaurant", den großen „Theater-Keller" und ein „Café". Im ersten Jahrzehnt des 20. Jahrhunderts wurden Dresdens Kaffeehäuser in die „mit" und „ohne" Musik unterschieden. Zeitgenössische Reisehandbücher geben über diese Einteilung Auskunft. Denn schließlich liebte nicht jeder musikalische Untermalung bei Kaffee- und Kuchengenuss. Und doch gab es natürlich viele treue Stammgäste

Außenfassade des „Central-Theater-Cafés".

im „Central-Theater-Café", die gerade diesen zusätzlichen kostenlosen Musikservice schätzten. Schließlich gab es „Kaffee in Verbindung mit Streichkonzert" von den frühen Nachmittagsstunden bis zwei Uhr nachts. Auch am späten Abend gab es nach dem Theaterbesuch noch „das Bedürfnis zum Plaudern bei einer Tasse Mokka".

Vertraut man einem Bericht im „Dresdner Salonblatt" vom Juli 1911, war es hauptsächlich „die Mischung des Publikums", welche den besonderen Reiz ausmachte. Hier traf man sie alle. Die „Familien, die Lebewelt großen und kleinen Stils, der Fremde, der kleine Kommis" und andere Kaffeehaustypen. Und „das alles findet sich hier teils zum stillen Genuß einer Tasse ‚Verkehrt', teils zu lebhaftem Austausch bei einem Schoppen Bier zusammen." Dass das schöne Café jeden Abend vollbesetzt war, verdankte man auch einem österreichischen Kellner, der auf seine ganz eigene Art das Publikum zu fesseln verstand. Der damalige Reporter hatte jenen Teil der „Central-Theater-Passagen" schon längst zu seinem Favoriten erklärt. Eine Begründung fand er in folgenden Zeilen:

> *„Musik begrüßt uns hier; das Haus hält auf eine Kapelle von künstlerischer Selbstständigkeit und viele ziehen es vor, in der großen Glashalle direkt zu ihren Füßen zu sitzen; wird doch an warmen Sommertagen das große Glasdach weit geöffnet, so daß die erquickende Kühle wohltätig in den Raum niederströmt und leise mit den Palmen und Blumen spielt, die den Saal in reicher Fülle zieren. Betritt man aber den zweiten Saal, der auch von dem anderen Teil der Passage zugänglich ist, so sieht man einen der originellsten Kaffeehausräume der sich durch seine eigenartige elliptische Grundrißform als auch durch seine höchst eigenartige Deckenbemalung wesentlich von den gleichgültigen oder mit leerem Prunk überladenen Kaffeehausräumen auszeichnet."*

Der dazugehörige Billard- und Spielsaal war über eine breite Treppe zu erreichen. Eine reichliche Auswahl deutscher und ausländischer Pressepublikationen komplettierte das Angebot. Treue Leser schätzten die Ruhe in einem „sehr gemütlichen Nebenzimmer". Der Gast konnte sich entscheiden, ob er seinen Besuch „mit oder ohne" musikalische Untermalung haben wollte. Die Einteilung der Räumlichkeiten machte das möglich.
Ab Februar 1914 spielte in dem „neugeschaffenen Wintergarten" eine der besten Kaffeehauskapellen der Stadt auf. „Verehrer, die ernsten und heiteren Weisen mit gleicher Weise lauschen" gab es zur Genüge. Und ließ es sich nach den Klängen „durch das offene Glasdach zu den verschwimmenden Konturen der geheimnisvollen Giebel, Dächer und Türmchen des Riesenetablissements" nicht auch von der Hektik eines Großstadtlebens ablenken? Dieses ist aus dem „Dresdner Salonblatt" zu erfahren. Einer weiteren erfolgreichen Bewirtschaftung stand nichts im Wege und wohl kaum einer ahnte, dass bereits wenige Monate später der Erste Weltkrieg begann.

Empfindliche Umsatzverluste mussten in den kommenden Jahren verkraftet werden. Eine hauseigene Kaffeehauskapelle war nicht mehr finanzierbar. Lebensmittelrationierungen machten es unmöglich, das Niveau der Vorkriegszeit aufrechtzuerhalten. Die Reihen der einheimischen Stammgäste, aber auch des Personals lichteten sich. Nicht wenige waren bereits zum Militärdienst eingezogen oder bereits an der Kriegsfront gefallen. Daheim in Dresden, versuchte nun das unter dem Namen „Zentral-Theater-Kaffee“ werbende Unternehmen, mit einem bescheidenen Angebot den Betrieb aufrechtzuerhalten.
Ein Neuanfang wurde erst im Herbst 1919 gewagt. Nach den schweren Kriegsjahren hatten sich die Bedürfnisse potenzieller Stammgäste geändert. Mit engagierten Kaffeehauskapellen ließen sich die großen Räumlichkeiten nicht mehr füllen. Besonders in den Abendstunden sollten „Heitere Künstlerabende“ die Sorgen der Nachkriegsjahre für ein paar Stunden vergessen lassen. Aus diesem Grund wurden der Wintergarten und der ehemalige Kaffeehaussaal in Kabaretträume umgewandelt. Die erste Leitung dieser Veranstaltungen übernahm Engelbert Milde, der bekannte „Liedersänger am Flügel“. Die neue Kaffeehauskultur der 1920er-Jahre nahm ihren Anfang. Die Verbindung mit einem Kabarett lässt sich bis zum Beginn des Zweiten Weltkrieges verfolgen.

30. Das monumentale „Kaiser-Café“ am Wiener Platz / Ecke Prager Straße

Dresden im Sommer 1902. Ein palastartiger Neubau wird am Eingang der Prager Straße / Ecke Wiener Platz eröffnet. Eigentümer des Gebäudes ist die „Landwirtschaftliche Feuerversicherungs-Genossenschaft für Sachsen“. In den unteren Etagen wurde am 5. Juli des Jahres das „Kaiser-Café“ eröffnet.
Die örtliche Tagespresse war des Lobes voll. Interessant wirkte das neue Etablissement mit seiner Kombination der „Anwendung modernen Stils mit dem Empire“. Betrat der Gast das Gebäude vom Straßenhaupteingang aus, so befand er sich in einem großen Raum.

Eine breite Treppe führte dann zu den Räumlichkeiten im ersten Obergeschoss. Hier befand sich der Hauptsaal. Durch schmale Halbwände waren die Gästeplätze in „Kojen“ geteilt. Von hier aus gelangte er dann in ein Billardzimmer oder das Spielzimmer. Besonders beliebt war – insbesondere in den Sommermonaten – der 34 Meter lange Balkon.
Sehr schnell stellten die Gäste fest, dass man sich hier stundenlang aufhalten konnte. Es gab kaum einen interessanteren Punkt in der sächsischen Residenzhauptstadt, von dem es möglich war, das geschäftige Treiben zwischen Hauptbahnhof, Wiener Platz und Prager Straße zu beobachten. Und jene Möglichkeit konnte man zu jeder Tageszeit nutzen. Das „Kaiser-Café“ war vom Beginn des Tages an und nachts geöffnet. Bis zu 600 Gäste konnten gleichzeitig bewirtet werden, davon allein 160 Plätze auf dem Balkon.
Der Kaffeehauspächter Richard Richter konnte sich über fehlende Gäste kaum beklagen. Sehr schnell wurde diese neue Einrichtung zu einem beliebten Treffpunkt der vornehmeren Gesellschaft Dresdens. So kehrten hier Vertreter des Adels, Offiziere, Mitglieder des Hoftheaters, aber auch gutbetuchte Schüler der naheliegenden Königlichen Technischen Hochschule ein.

Das „Kaiser-Café“ war ein beliebter Treffpunkt der vornehmeren Gesellschaft.

Nur wenige Jahre später erfolgten erste Umbaumaßnamen. Ziel war es, den beliebten Balkon – auch bei schlechter Witterung oder in den Wintermonaten nutzen zu können. So wurde ein Teil zu einer geräumigen Veranda umgestaltet. So heißt es unter anderem:

Im Winter kann die Veranda geheizt werden, und im Sommer werden die Gäste durch Markisen an allen Seiten vor der Sonnenglut geschützt. Außerdem ist die Veranda mit Glas in geschmackvollem Muster gedeckt. Eine Berieselungsanlage, die über dem Glasdache angebracht ist, wird an heißen Tagen noch besonders abkühlend wirken.

Diese Veranda war 25 Meter lang und 3 Meter breit. Sie bot bis zu 200 Gästen Platz. In den Wintermonaten konnte sie vollständig geschlossen werden.

Aus dem Jahre 1904 ist zu erfahren, dass in den gut „ventilierten" Räumen 153 verschiedene in- und ausländische Zeitungen auslagen. Neben den beliebten Kaffeespezialitäten wurden auch Biere ausgeschenkt. Besonders beliebt waren die Sorten aus dem Bürgerlichen Brauhaus zu Pilsen und das I. Culmbacher. Als schneller Appetitstiller war die Hühnersuppe sehr beliebt. Wenig später wurde mit dieser Spezialität auch in den Inseraten geworben.

Auch in den kommenden Jahren erfolgten kleinere Umbauten und Neugestaltungen. Das ursprüngliche Billardzimmer wurde zu

600 Gäste konnten zugleich bewirtet werden.

einem Vereinszimmer umfunktioniert. Bis zu 30 Personen konnten sich nun hier treffen. Neue technische Veränderungen ermöglichten es, dass der Balkon in den Wintermonaten noch optimaler genutzt werden konnte.

Das „Kaiser-Café“ war die erste Adresse am Wiener Platz. So wie die Gäste ihre Ansprüche in den Jahren veränderten, so versuchte man, sich den Wünschen der Kundschaft anzupassen. So berichtet man am Anfang des Jahres 1914:

> „... *Das Kaiser-Café am Wienerplatz erweist sich immer mehr als ein interessantes Nacht-Vergnügungslokal. Nicht nur, daß man hier bei einer Tasse wirklich guten Cafés und bei der Annehmlichkeit einer stadtbekannten „Hühnersuppe“ eine erstklassige, stets die neuesten „Schlager“ servierenden Kapelle unter des Wiener Faith's Leitung zu hören bekommt, hat man dort auch den jetzt zum Bedürfnis werdenden Vorteil, an heißen Tagen direkt im Freien sitzen und von den Balkons aus dem bunten Treiben am Bahnhof zuschauen zu können* ...“

Weder Gast noch Kaffeehausbesitzer konnten ahnen, dass ihnen nur noch wenige Monate blieben, so ruhig und gelassen, das bunte Treiben vor dem Dresdner Hauptbahnhof zu beobachten. Der Beginn des Ersten Weltkrieges im Sommer 1914 brachte auch hier tiefe Einschnitte: Stammgäste blieben aus, lieb gewonnenes Personal wurde zum Militär eingezogen, der Charakter der musikalischen Unterhaltung änderte sich. In Verbindung mit anderen behördlichen Einschränkungen konnte die Kaffeehauskultur der Vorkriegszeit nicht mehr aufrechterhalten werden. Es folgten keine neuen Investitionen mehr, denn das Gastgewerbe galt als unsicherer Wirtschaftsfaktor.

Nach dem Ende der Inflation im Jahre 1924 kam es zu einem kurzen Neubeginn. In den darauffolgenden Goldenen Zwanzigerjahren, spielten hier eine Reihe bekannter Kapellen auf. 1936 war dann endgültig Schluss. Die Räumlichkeiten wurden nun von der Kraftverkehrsgesellschaft Sachsen (KVG) genutzt. In dem unteren Straßencafé entstand eine Wartehalle der Gesellschaft. 1945 wurde der monumentale Bau dann durch den Bombenangriff endgültig zerstört.

31. „Café Parsifal" – Eine beliebte Adresse in der Neustadt

In der Mitte des 19. Jahrhunderts gab es nur sehr wenige empfehlenswerte Kaffeehäuser in der Dresdner Neustadt. Zeitgenössische Reisehandbücher erwähnen lediglich das „Café Pollender" an der Hauptstraße. Zum Stammpublikum zählte das wohlhabende einheimische Bürgertum, der einfache Landadel, welcher traditionell in den Hotels der Umgebung übernachtete und natürlich viel Militär – vom Feldwebel aufwärts. Verständlich, lagen doch die damaligen bedeutendsten Kasernenbauten nicht weit entfernt.
Ernstzunehmende Konkurrenz bekam „Pollender" erst in den 1860er-Jahren. Auch in diesem Stadtteil wurde eifrig gebaut. Unter anderem entstand ein modernes Geschäfts- und Wohnhaus an der Ecke Bautzner Str. / Kurfürstenstraße. Im Erdgeschoss des Gebäudes eröffnete das „Café Parsifal".
Der Kaffeehausgründer ahnte wohl kaum, an welchem zukunftsträchtigen Standort er sich eingemietet hatte. Zunächst einmal wurde die Konditorei mit angeschlossenem Café als eine Bereicherung für die mit gleichartigen Unternehmen unterbesetzte Neustadt

Gleich gegenüber dem Eingang stand der halbe Tresen, an dem der Kaffee ausgeschenkt wurde.

empfunden. Hausgebackener Kuchen und guter Kaffee überzeugte nicht nur die Nachbarschaft. Auf dem Weg zum weitaus bekannteren „Linke'schen Bad" war es eine beliebte Zwischenstation. Und nicht wenige Stammgäste des schräg gegenüberliegenden Neustädter Ballhauses trafen sich in den Nachmittagsstunden hier. In einem Heimatkalender aus den 1870er-Jahren wurde die Bautzner Straße als „Bierstraße" bezeichnet. Dies bezog sich nicht auf die zahlreichen Fuhrwerke der Waldschlösschenbrauerei, welche Dresdens Gastwirtschaften mit dem „köstlichen Stoff" belieferten, sondern auf die vielen Gastwirtschaften. Ein Kaffeehaus an dieser Strecke empfanden nicht wenige als eine gelungene Ergänzung.

Geschäftlicher Aufschwung kam spätestens mit der Fertigstellung der naheliegenden Albertbrücke. Diese neue direkte Verkehrsanbindung zur Altstädter Seite machte sich auch in der Anzahl der Kaffeehausbesucher bemerkbar. Als einige Jahre später in Dresden das Straßenbahnnetz errichtet wurde, kreuzten sich gleich zwei Streckenführungen unmittelbar vor dem „Café Parsifal". Das Umsteigen wurde gerne mit einem Kaffeehausbesuch verbunden.

Nicht wenige waren über die zweckmäßige Inneneinrichtung erstaunt. Gegenüber dem Eingang befand sich der halbrunde Kaffeeausschanktresen. Während der rechte Bereich dem Getränkeausschank diente, stand auf der anderen Seite geschmackvoll dekoriertes Gebäck zur Auswahl. Die eiligen Gäste nahmen gern an den Marmortischen in diesem Eckzimmer Platz. Doch richtige Kaffeehausatmosphäre war erst in den beiden anschließenden großen Salons zu erleben. Dem Zeitgeschmack der Jahrhundertwende entsprechend geschmackvoll eingerichtet, ermöglichten sie je nach Wahl auch einen Ausblick auf das geschäftige Treiben der Bautzner- oder Kurfürstenstraße (heute Hoyerswerdaer Straße).

Im Jahre 1901 übernahm der Konditor Fritz Mittenzwei die gastronomische Bewirtschaftung. Er setzte auf die Traditionen seiner Vorgänger. Zur wärmeren Jahreszeit waren insbesondere die Eisspezialitäten sehr beliebt. Neben dem großen Kuchenangebot gab es auch zahlreiche unterschiedlich gefüllte Blätterteigpasteten. Ludwig Renn schreibt in seinen Kindheitserinnerungen, dass er für ein gutes Schulzeugnis regelmäßig von seinen Eltern mit einem gemeinsamen Besuch im „Café Parsifal" belohnt wurde. Bei dem in der

naheliegenden Königsbrücker Straße aufgewachsenen Erich Kästner war es nicht anders.
Der „vorzügliche Baumkuchen" wurde das gesamte Jahr über angeboten. Zur Weihnachtszeit schätzte man den „Dresdner Christstollen" aus der hauseigenen Feinbäckerei. Und zur Faschingszeit waren natürlich die Pfannkuchen mit „selbst eingekochter verschiedener Füllung" der Verkaufsschlager. Und Fritz Mittenzwei versuchte sich auch an verschiedenen sächsischen Kuchenspezialitäten. Als seine Spezialität wählte er nicht die „Dresdner Eierschecke" oder die „Leipziger Lerche". Er entschied sich im Jahre 1903 für den „Freiberger Bauernhasen".
Sechs Jahre später übernahm Ernst Fischer die Bewirtschaftung vom „Café Parsifal". In seiner zwölfjährigen Pachtzeit hat er genügend Höhen und Tiefen in der Führung eines Kaffeehausbetriebes kennenlernen müssen. Mit großer Mühe und Einfallsreichtum gelang es ihm, sein Unternehmen durch den Ersten Weltkrieg zu leiten. Dieses gelang nicht jedem Kaffeehauswirt in Zeiten von strengen staatlichen Einschränkungen und Lebensmittelrationierungen. So ist es schon erstaunlich, dass er im Jahre 1919 den Mut hatte, sein Kaffeehaus zu modernisieren. „Nachkriegswirren" und politische Unruhen bestimmten jene Jahre und hielten viele Gastgewerbebetriebe von erforderlichen Investitionen ab. Vermutlich konnte er wenige Jahre später die aufgenommenen Kredite nicht mehr zurückzahlen.
Er fand einen würdigen Nachfolger in Alfred Mehlhorn. Jener hatte erfolgreich ein „Kaffee- und Konditoreigeschäft" in der Gerokstraße geführt. Er übernahm im Januar 1922 das Traditionsunternehmen. Zunächst waren die schweren Jahre der Inflation zu überstehen. Doch bereits fünf Jahre später warb er selbstbewusst für „jetzt das schönste und größte Konditoreikaffee in der Neustadt".
Das Gebäude wurde im Februar 1945 zerstört. Zu DDR-Zeiten wurde das Grundstück nicht wieder bebaut. Gegenüber der Bautzner Straße wird das „Café Christian" über viele Jahrzehnte die Einkehrmöglichkeit für Dresdens Kaffeeliebhaber sein. In den 1990er-Jahren entstand am Traditionsstandort ein modernes Wohn- und Geschäftshaus. Und doch gibt es noch etwas, was daran erinnert:

Ein Dresdner Stadtführer meinte bei einem Rundgang, der turmartige Aufbau erinnere an eine „Keksrolle“. So ganz unrecht hat er nicht!

32. „Schlosscafé Fritzsche“ mit dem Nachtlokal „Zur Katze“

Dresden im Juli 1902. Gespannt erwarteten die Dresdner Kaffeehausliebhaber die Eröffnung des „Kaiser-Cafés“ am Eingang der Prager Straße / Wiener Straße 13. Relativ unbemerkt blieb, dass wenige Wochen vorher in der ersten Etage des Hauses Schlossstraße 30 das „Café Fritzsche“ eröffnet hatte. Namensgeber war der neue Inhaber und Küchenmeister Otto Fritzsche.
Kaffee-, Wein- und Bierliebhaber kamen in den unterschiedlichen kleinen Räumlichkeiten auf ihre Kosten. Eine vorzügliche Kuchen- und Speisenauswahl ergänzten das Angebot. Das angestrebte Stammpublikum unterschied sich von den bereits bestehenden Kaffeehäusern in der Schlossstraße. In der ersten Etage der benachbarten Häuser 2 und 4 hatte sich das „Café Central“ als Dresdens größtes Zeitungskaffee etabliert. Tägliche Laufkundschaft und

Das „Café Fritzsche“ verdankte seine Popularität der angeschlossenen „guten deutschen Bierstube“.

Stammkunden aus den umliegenden Museen und Regierungsgebäuden war die Zielgruppe vom „Café Wickel" im Gebäude Nr. 16. Das „Café Fritzsche" verdankt seine Popularität der angeschlossenen „guten deutschen Bierstube" mit dem Namen „Zur Katze". Es wurde zu einem beliebten Treffpunkt für Dresdens Nachtschwärmer.

Originell war auch die Art der Werbung in den örtlichen Tageszeitungen. Ob der Kaffeehauswirt Fritzsche folgende Verse selbst gereimt hat oder tatkräftige Unterstützung von mitternächtlichen Gästen bekam, ist nicht geklärt. Hier einige Beispiele:

April 1903

Geht irgendwo ein Festball,
Ein Stiftungsfest in Szene,
So kommt dann der Musikschall
Gewaltig in die Beene,

Und hat man, müde dann,
Nach Bethlehem Verlangen.
Hört man den guten Rat an:
Ins Café wird gegangen.

Man nimmt an einer Seite
Den Arm des Liebchens, süß,
und spricht: „Wir wandern beide
In's Nachtparadies!"

Zu Fritzsche mußt du gehen
Schlossstraße 30 hin
Billards siehst du dort stehen,
Drum rin, man immer rin.

Und im Parterre die „Küche"
Ein schönes Bierlokal,
Erreicht mit einem Satze –
Riskier' es nur einmal.

August 1903

Fidel und munter geht man stets zu Balle
Und wenn's Vergnügen ist dann aus
So ist der Spass für diese Nacht nicht alle
Der würdige Schluss, er kommt ins Caféhaus.

Nicht gross Gepränge ist um die Zeit nötig.
Doch muss gemiedlich es ähm sein.
Und wer ist dazu gar so gern erbötig?
Das wird von Café Fritzsche sein.

Schlossstraße 30 ist's zu finden
Wo Im Parterre's Lokal „Zur Katz" bestellt
Den Eingang find'st Du vorne und auch hinten,
is ein Café, wo es Dir wohl ergeht.

Februar 1905

Masculin und feminin,
Alle nach der „Katze" ziehen,
Schlossstraße 30, Erdgeschoß,
Dorten trifft sich klein und groß;

Denn das Essen und das Bier,
Ganz vorzüglich ist es hier,
Auch das „Café Fritzsche" kann
Ich empfehle jedermann

s'isst im selben Haus und Flur
Eine Treppen nur …!

Drei Jahre erheiterten diese munteren Werbeverse den aufmerksamen Dresdner Zeitungsleser. Und nicht wenige eifrige Ballhausbesucher fanden hier den krönenden Abschluss eines unterhaltsamen Abends. In den frühen Morgenstunden machte man sich dann auf den Heimweg.

33. Zur Frage von angemessenen Trinkgeldern in großen Kaffeehäusern – 1907

Subunternehmer sind keine Erfindung der heutigen Zeit. Den Trend, auf eigenes Risiko arbeiten zu müssen, gab es auch schon vor hundert Jahren bei den „Bediensteten im Gastgewerbe“. Damit setzte sich im Juli 1907 die Berliner Morgenpost auseinander. Wie schon seit vielen Jahrzehnten ging es wieder einmal um die Frage nach den angemessenen Trinkgeldern. In anderen Gewerben waren (und sind) sie eine angenehme Nebeneinnahme. Doch im Gastgewerbe wurden sie als wichtiger Bestandteil der Einnahmen der Arbeitnehmer von vorneherein einkalkuliert.

Das wussten auch die Kaffeehausbesitzer. Tarifverträge für das bedienende Personal gab es noch nicht. Nur ein sehr geringes Gehalt wurde vereinbart. Kalkulierte Trinkgelder sollten den Lohn auffüllen. Da aber der angestellte Kellner auf die Mitarbeit anderer Kollegen angewiesen war, wurden gleichzeitig wieder Abgaben an den Prinzipal erhoben. Für diesen ein gutes Geschäft, wie folgendes Rechenbeispiel aus Berlin zeigt.

Leistungen	Abgaben eines Kellners in Mark	Verdienst des Wirtes in Mark
In einem Kaffeehaus sind 15 Kellner beschäftigt. Jeder hat einen Zuträger als Hilfe. Jene bekommen vom Wirt einen Monatslohn von 30 Mark. Dafür zahlt der Kellner pro Tag 1,50 Mark als Mietgebühr.	45	225
10 Kellner sind in den lukrativen Räumen der ersten Etage beschäftigt. Pro Tag ist bei der Zuweisung des Revieres eine „Placeurgebühr“ von 1 Mark.	30	300

Die Jacke und Schürze bezieht der Kellner und sein Zuträger vom Wirt. Dafür hat er eine Mark pro Tag zu entrichten. Beide Garnituren stellt der Kaffeehauswirt. Die Wäsche bezieht er von einem „Verleihinstitut". Da die Wäsche nur jeden zweiten Tag zu einem Preis von 1,40 Mark gewechselt wird, ergibt sich ein weiterer Gewinn bei 15 Kellnern.	12	180

Weitere zusätzliche Monatsgewinne ergaben sich in weiteren Unterverpachtungen und Verkaufsgenehmigungen.

Die Monatspacht für die Garderobe	400
Die Monatspacht der Toilette im Parterre	100
Die Monatspacht der Toilette in der ersten Etage	100
Die Monatspacht der Toilette in der zweiten Etage	300
Blumen- und Postkarten-Verkäuferinnen hatten 7,50 Mark pro Tag zu entrichten.	320
Die „Silhouettenschneider" zahlten dem Kaffeehauswirt täglich fünf Mark.	150

So kann von einem fiktiven Zusatzverdienst von ca. 2.000 Mark für den Kaffeehausbesitzer ausgegangen werden. Rechnet man es aufs Jahr hoch, kommt man auf die beachtliche Summe von 24.000 Mark. Und diesen Betrag „leisten die Angestellten im wesentlichen aus ihrer Einnahme an Trinkgeldern!", erboste sich die Zeitung.
Natürlich waren die Dresdner Kaffeehäuser nicht mit Berliner Verhältnissen in der belebten Friedrichstraße vergleichbar. Das ein solches Geschäftsgebaren auch hier üblich war, ist nicht überliefert.

Aber es gab auch andere Möglichkeiten, die ohnehin schlecht bezahlten Kellner zu schröpfen. Eine Möglichkeit war, eine Gebühr zum Spülen des Geschirrs und der Bestecke zu erheben. Manchmal war es in den Arbeitsverträgen auch vereinbart, einen unterschiedlichen „Prozentsatz für zerbrochenes Geschirr" zu zahlen.
So stellte sich schon damals die Frage: Wie viel Trinkgeld ist angemessen? Und bereits vor hundert Jahren wurden krasse Beispiele erörtert:

> *„... Da bringt es eine Familie von 6 Köpfen fertig, 3–4 Stunden am Tisch sitzen, zu essen und zu trinken und von den dienstbaren Geist etwa 20–30 Gänge machen zu lassen, und dann zahlt das Oberhaupt in echt sächsischer Gemütlichkeit 5 Pfg. Trinkgeld.*
> *Was man hier durch „zu wenig" sündigt, geschieht anderseits durch „zu viel". Besonders jetzt zur Reisezeit. Man kann es in den Bädern täglich und stündlich erleben, wie Leute, sei es aus Protzerei, aus Unwissenheit oder aus – Angst vor einem geringschätzigen Blicke die Trinkgelder verderben ..."*

Eine Antwort konnte bereits vor hundert Jahren nicht gegeben werden. Die Geberlaune der Kaffeehausgäste ist nicht kalkulierbar. Damals nicht und heute nicht.

34. „Café de Paris" – Seestraße 7 – 1907

Dresden im ersten Jahrzehnt des 20. Jahrhunderts. Über das Fehlen von Kaffeehäusern konnte man sich in den belebten Einkaufsstraßen der Altstadt wahrlich nicht beklagen. Weiterhin kam es zu zahlreichen Neugründungen. So auch im Haus Seestraße 7. Für den Kenner des einheimischen Gastgewerbes keine unbekannte Adresse. Im Juli 1903 eröffnete im Erdgeschoss das erste Automatenrestaurant der sächsischen Residenzhauptstadt.
Umso größer war die Neugier, als vier Jahre später die Eröffnung des „Café de Paris" angekündigt wurde. Das im Haus ansässige Gastgewerbeunternehmen hatte dazu Räumlichkeiten in der ersten Etage angemietet.

Am 14. August 1907 war es dann so weit. In den Nachmittagsstunden wurden erstmals Gäste im „erstklassigen Café-Restaurant" begrüßt. Die Betreiber hatten nicht zu viel versprochen. Als erstes fiel die kostspielige Inneneinrichtung auf. Orientiert wurde sich am Zeitgeschmack des letzten französischen Königs Ludwig XVI. Die vier behaglichen Räume waren in Weiß mit Gold gehalten. „Rote seidene Moirée-Stoffe sind über die Wände gespannt" und ergänzten das Gesamtbild. Auf den zahlreichen Balustraden waren kunstvolle Kandelaber angeordnet. Weiterhin wird berichtet:

> *„Besonders ins Auge fallen die entzückenden Reproduktionen englischer Meister (Kunstsalon Arnold) und einige Oelbilder des Kunstmalers Meikes, Dresden Plauen. (Durch zwei halb runde Fenster kann man einen Blick in den Park werfen, der nach Versailler Motiven gehalten ist)"*

Auch bei der Anschaffung des dazugehörigen Mobiliars wurden keine Kosten gescheut. Alles sollte an das Frankreich im letzten Drittel des 18. Jahrhunderts erinnern. Dazu gehörte es auch, dass die Kellner in prachtvollen Livrees bedienten.

Die Lage des neuen Kaffeehauses war gut gewählt. Die Seestraße, das kurze Verbindungsstück zwischen Altmarkt und Prager Straße,

Bei der Anschaffung des Mobiliars waren keine Kosten gescheut worden.

gehörte mit zu den „belebtesten Verkehrsadern“ der Dresdner Altstadt. Dieser günstige Standort, aber auch die Nähe zu den großen Hotels und den Sehenswürdigkeiten der sächsischen Landeshauptstadt versprach, dass sich hier recht bald der „Rendezvousplatz der feinen Gesellschaft der Residenz“ entwickeln würde. Ein Empfangszimmer beim sächsischen König im Dresdner Schloss konnte nicht repräsentativer sein!

Besonders erwähnt wird durch zeitgenössische Chronisten, dass das neue „Café“ über eine Garderobe verfügte. Kostenlos konnten die Gäste ihre Garderobe abgeben. Die Inhaber wollten ihr neu geschaffenes Kleinod nicht mit an Wänden hängenden Kleidungsstücken verschandeln lassen.

Natürlich durfte auch die damals gängige Kaffeehausmusik nicht fehlen. So fanden täglich „Künstler-Konzerte“ statt. Zweimal am Tag spielte die engagierte Kapelle auf. Nachmittags zwischen 16 und 19 Uhr und abends von 20 bis 2 Uhr nachts. Im Jahre 1913 erfolgten kleinere Umgestaltungen. So erhielt das Orchester seinen Platz im Hauptzimmer. Damit wurde eine „bessere Akustik und Verteilung des Tones“ erzielt.

Ein Jahr später, am 30. April 1914, wurde ein neuer separater Salon – das „Trianon“ – eröffnet. Die Besonderheit lag darin, dass nun auch das „Café de Paris“ über eine Räumlichkeit verfügte, die die ganze Nacht über geöffnet war. Bei einem „erheiternden Stimmungskonzert eines Schrammel-Duos“ konnte man den Tag ausklingen lassen oder einen neuen beginnen.

Das „Café de Paris“ gehört zu den besonders drastischen Beispielen, wie zum Beginn des Ersten Weltkrieges französisch klingende Namen aus Dresdens Geschäftswelt verschwanden. Schon in den ersten Augustwochen 1914 erfolgte die Umbenennung in „Kaffee Germania“. Die Zeitungsauswahl wurde auf deutsche und österreichische Publikationen reduziert. Auch informierten Aushänge über das aktuelle Kriegsgeschehen.

Viel genützt haben diese Umbenennungen aber nichts. Das Niveau der Gründungsjahre war nicht mehr zu halten. Neben dem fehlenden international ausgebildeten Personal erschwerten zunehmende Lebensmittelrationierungen die Aufrechterhaltung des Geschäftes. Guter Bohnenkaffee wurde Mangelware. Ersatzkaffeemischungen

und mit Notrezepturen gebackener Kuchen passte einfach nicht mehr in das vornehme Ambiente. Vermutlich wird im Jahre 1917 der Kaffeehausbetrieb aufgegeben.
In den 1920er-Jahren befand sich in den ehemaligen Räumlichkeiten vom „Café de Paris“ die Gaststätte „Winzerstuben zum Rhein“. Eines der vornehmsten und elegantesten Kaffeehäuser im alten Dresden existierte gerade mal ein Jahrzehnt.

35. Karl August Lingner und Graf von Seebach waren Stammgäste im Kaffeehaus „Maximilian“ – Moritzstraße 19 / Ecke Ringstraße

Dresden am Ende der 1880er-Jahre. Zwischen dem Altmarkt und Pirnaischen Platz wird eifrig gebaut. Mit der neu geschaffenen König-Johann-Straße (heute Teilstück der Wilsdruffer Straße) entstanden in jenem Areal auch zahlreiche moderne Wohn- und Geschäftshäuser. So auch das Haus Moritzstraße 19. Das Erdgeschoss und die erste Etage waren für einen gastronomischen Betrieb vorgesehen. Es sollte jedoch kein Kaffeehaus, sondern ein großes

Ensemble: Wohn- und Geschäftshaus (Kaffeehaus „Maximilian“)

Bierrestaurant entstehen. Als erster Pächter konnte die bekannte „Münchner Kindlbrauerei“ gewonnen werden. Sie errichtete hier ihren Dresdner „Spezialausschank“. Bis zu tausend Gäste konnten gleichzeitig bewirtet werden. Vieles gab es in dem neuen Restaurant zu bestaunen. So berichtet das Dresdner Journal im Oktober 1888 unter anderem:

> *„Als eine ganz großartige Leistung sind ferner drei hydraulische Fensteraufzüge zu bezeichnen, die trotz einer Gesamtfläche von nicht weniger als 38,78 qm (jedes einzelne Fenster misst 380 cm in der Breite und 340 cm in der Höhe) durch Anwendung einer leichten Kurbelbewegung sofort in die Höhe gebracht werden können.“*

Der erwartete geschäftliche Erfolg blieb aber aus. Zu viele bayrische Brauereien hatten sich bereits in unmittelbarer Umgebung etabliert. Mitte der 1890er-Jahre hieß dann das Bierrestaurant „Zum deutschen Krug“. Aber auch dieser Pächter hatte nur wenig Erfolg. Im ersten Jahrzehnt des 20. Jahrhunderts wurde dann in den Restaurationsräumlichkeiten ein Kaffeehaus errichtet. Unter der Firmierung „Maximilian“ zählte es bald zu den beliebtesten derartigen Einrichtungen der Dresdner Altstadt.

Das neue gastronomische Konzept ging auf. Die Inneneinrichtung entsprach dem Zeitgeschmack der Kaiserzeit. Große Räume, monumental ausgestattet, musikalische Unterhaltung und separater Billardsaal luden ein. Der Gastwirt Carl Lempe schätzte diesen Sport. Vor seinem Schritt in die Selbstständigkeit war er über 23 Jahre lang der Billardverwalter im bekannten „Café König“. Seine vielen Schützlinge hielten ihm die Treue und trafen sich fortan bei ihm.

Doch zu einem guten Kaffeehaus gehörte auch eine aufmerksame Bedienung. Zum abendlichen Schoppen sah man hier viele Studenten der Tierärztlichen und Technischen Hochschule. Nur mit gut geschultem Fachpersonal konnte auch eine zahlungskräftige Kundschaft gewonnen werden. Besonders stolz war man dann, wenn man prominente lokale Zeitgenossen unter den Stammgästen begrüßen konnte. So war es durchaus möglich, hier prominente Künstler der Königlichen Hofoper zu treffen. Schon längst hatte es sich herumgesprochen, dass sich hier auch deren Intendant Graf

von Seebach sowie der „Odolkönig“ und Kunstmäzen Karl August Lingner gelegentlich trafen.
Ein in die Jahre gekommener Oberkellner erinnerte sich noch Anfang der 1940er-Jahre an deren Kaffeehausbesuche. Für den Grafen Seebach, der sehr groß war, hielt man eigens einen besonderen Sessel bereit.
Und schon längst war dem aufmerksamen Personal Lingners Marotte aufgefallen. Zu seinem bestellten Mokka erhielt er stets eine zweite leere Tasse. Nachdem der Ober sich entfernt hatte, zog Lingner aus der Brusttasche seines Jacketts ein sauberes Tüchlein. Dieses breitete er dann über die leere Tasse aus und filterte den Kaffee zum zweiten Mal. Erst dann konnte er seinen bestellten Mokka genießen. Diskret wurde es registriert und auf den Wunsch des Gastes eingegangen.
Der Beginn des Ersten Weltkrieges im Sommer 1914 brachte auch dem Kaffeehaus „Maximilian“ erhebliche geschäftliche Verluste. Zahlreiche Stammkunden blieben aus. Lebensmittelrationierungen schränkten das Kuchenangebot auf ein Minimum ein. Als im März 1918 Martin Meißner (früher „Goethegarten“ in Blasewitz) die Geschäfte übernahm, konnte er nur ein kleines Kaffee- und Teegebäck empfehlen. Stromausfällc umging er mit der im Parterre angebotenen „altdeutschen Beleuchtung“. Es handelt sich hierbei um das einfache Kerzenlicht. Es sollte noch einige Jahre dauern, bis wieder der volle Geschäftsbetrieb aufgenommen wurde. In der ersten Etage des Gebäudes trafen sich die Sportfreunde wieder an den sechs Billardtischen. Und als Attraktion zählte in der Mitte der 1920er-Jahre ein speziell eingerichtetes „Radiozimmer“.

36. Ein Hamburger eröffnet das „Hotel & Café Blesch“ – Prager Straße 58

Dresden im Jahre 1913. Mit großer Spannung wurde der Fertigstellung des neuen Geschäftshauses Prager Straße 58 entgegengefiebert. Schon längst hatte sich herumgesprochen, dass an diesem günstigen Standort ein gastgewerbliches Großunternehmen entstehen sollte.

Künsterlisch ausgestaltet und mit Edelhölzern ausgekleidet, gab sich das „Café Blesch“ hochmodern.

Auch der Name des Investors war bekannt. Es handelte sich um den Hamburger Gastronom Franz Hugo Blesch, der im März das lukrative Grundstück erworben hatte. Er beauftragte den Jugendstilarchitekten Heino Otto mit der Gesamtbauausführung.
Ende November 1913 war es dann so weit. Die königliche Hauptstadt Dresden erhielt ein modernes Großstadtkaffee. Bereits bei der Vorbesichtigung waren die eingeladenen Vertreter der örtlichen Presse überrascht von der prachtvollen Innengestaltung der Räumlichkeiten. So wird in den zeitgenössischen Artikeln ausführlich darüber geschrieben, während der angeschlossene Hotelbetrieb nur in wenigen Zeilen erwähnt wurde. Aus dem „Dresdner Salonblatt“ ist zu erfahren, dass sich am Eröffnungstag eine „dichtgedrängte Menge“ vor dem neuen Kaffeehaus staute und mit „einigen Neid“ dem geladenen Publikum „nachsah“. Zunächst wurden „in den hohen festlichen Räumen des strahlend erleuchtend Hauses Dresdens öffentliche Vertreter: Stadträte, die gesamte Presse, Hoteliers“ und andere Ehrengäste begrüßt. Einige Stunden später hatten sie dann selber die Möglichkeit, das neue Kaffeehaus in Besitz zu nehmen.
Die künftigen einheimischen Stammkunden waren bereits in den Anfangsstunden begeistert von der „künstlerischen Ausgestaltung und Lösung des Raumproblems“. Der zweistöckige Saal mit den

umlaufenden Galerien in Edelholzausführungen entsprach dem damaligen Zeitgeschmack. Weiterhin schätzten sie die „Täfelungen in halber Höhe“ sowie die weitere Farbengestaltung der Innenräume. Die Farben: Schwarz, Gold und Weiß dominierten. Unterbrochen wurden sie lediglich von dem Blassrosa der Marmorsäulen. Als Bereicherung wurde „der Freskenzug von Rokoko- und Barockszenen des ausgezeichneten Kunstmalers Baer“ empfunden. Und die Einbindung der großen „Orchesternische“ galt als ein Kunstwerk für sich. Ein Zeitgenosse zieht bei der weiteren Besichtigung folgendes Fazit:

> *„… Zahlreiche Nischen, Erker und mollige Winkel in wundervoll abgedämpften Farben und mit abgedämpften Leuchtkörpern verstärken den Eindruck, daß hier ein streng modernes, familiärbehagliches bis nobles Café geschaffen worden ist, wie sie in Berlin längst zahlreich bestehen und in Dresden vermißt worden sind …“*

Trotzdem dauerte es noch eine gewisse Zeit, bis ein derartiger moderner gastgewerblicher Großbetrieb auch in der sächsischen Landeshauptstadt geduldet wurde. Nicht einmal zwei Wochen nach Eröffnung gab es Anzeigen des damals noch existierenden benachbarten „Hotel de Saxe“ und einiger aufgeputschter Anwohner der Prager Straße. Sie beschwerten sich über die zusätzliche Lärmbelästigung in den Nachtstunden. Im Schnellverfahren hatten sich zuständige Dresdner Gerichte mit diesem Streitfall zu beschäftigen. Was war geschehen?

Die im „Café Blesch“ engagierte Kapelle bestand aus zwölf Mitgliedern. An einem Dezemberabend 1913 erlebten Gäste und Musiker einen überraschenden Besuch. Ein Beamter der Kgl. Polizeidirektion erschien und verlas ein „ungewöhnlich langes Schreiben“. Fazit seiner Ausführungen war, die abendlichen Musikdarbietungen der bekannten Kapelle unter Max von Groots Leitung habe nur noch mit vier Musikern zu erfolgen. Die Hinweise auf bereits erfolgte Schalldämpfung wurde ignoriert. Der Beamte blieb fest bei seiner Meinung, die unmittelbare Nachbarschaft würde in ihrer Nachtruhe gestört.

Eine sehr unerfreuliche Nachricht für Franz Hugo Blesch. Sehr wohl weiß er, dass das im Nachbargrundstück befindliche – in

Insolvenz befindliche „Hotel de Saxe“ der Hauptkläger ist. Eilig reist er aus Hamburg an und versucht die Wogen zu glätten. Mit Erfolg! Die „Klage des ‚Hotel de Saxe‘ auf Einstellung der Musik“ wurde um die Jahreswende 1913/14 abgewiesen. Ein eigens bestellter Gutachter hatte der Prozessgegner zu bezahlen. Und eine zeitgenössische Dresdner Wochenzeitschrift schreibt folgende Zeilen:

> *„… Wenn die Sylvesterglocken um Mitternacht das neue Jahr einläuten, kann Max de Groot, Dresdens Geigenkönig, in Jubeltönen seine Instrumente jauchzen lassen. Denn es ist von Gerichtswegen klipp und klar nachgewiesen worden, daß seine Kapelle keineswegs die Nachtruhe der Prager Straße zu stören imstande ist …“*

Mit der fast zeitgleichen Übernahme der gastronomischen Bewirtschaftung vom wohl bekanntesten Ausflugslokal – das „Kgl. Belvederé“ auf der Brühlschen Terrasse – war Blesch am Ziel seiner Träume für einen gelungenen geschäftlichen Einstieg in der Elbestadt.

Die Sommersaison 1914 sollte die erste große Bewährungsprobe werden. Alles lief auch gut an und die Zahlen der auswärtigen Gäste unterschieden sich nur wenig von denen der Vorjahre. Beide gastgewerbliche Großunternehmen konnten sich über eine zahlreiche einheimische und internationale Kundschaft erfreuen. Die kostspieligen Investitionen schienen sich gelohnt zu haben. Erste Kredite konnten getilgt werden und weitere sollten zum Jahresende folgen. Jenen Glauben hatte man noch nach dem Beginn des Ersten Weltkrieges. Doch bereits in den ersten Kriegswochen zeigte sich, dass das ehrgeizige Ziel wohl bei aller Kriegseuphorie kaum zu erfüllen war. Mit der überstürzten Abreise vieler zahlungskräftiger internationaler Gäste nahm das Unheil seinen Anfang. Die Reihen der Stammgäste lichteten sich. Das konnte auch nicht das dagebliebene Gästepublikum befreundeter Länder ersetzen.

So klingt es schon grotesk, dass ein Jahr später – im weiteren Glauben nach einem schnellen Sieg – ein „30 Mann starkes Orchester“ – die Einleitung der nächsten Sommersaison musikalisch untermalte. Eintrittsgelder wurden erheblich gesenkt, und nur die Erlassung der Pachtsumme durch die königlichen Behörden – machten es möglich. Es gehörte zu den letzten Versuchen, Dresdner Kaffee-

haustraditionen der Vorkriegszeit zu bewahren. Doch mit dem ausbleibenden Sieg ließ sich alles nicht mehr rechnen. Über einige Jahre später war der beliebte Restaurantkomplex geschlossen.
Mut zu neuen Investitionen fasste er erst 1918/19. Sei es nun die Wiedereröffnung des „Belvederé", welche das Vorwort „Königlich" nicht mehr trug, oder die Einrichtung einer „eleganten Bar mit anschließenden Weinsalon" im Traditionsunternehmen an der Prager Straße.
Natürlich sollte der Kaffeehausbetrieb wieder belebt werden. Bescheiden ging es Anfang der 1920er-Jahre zu. Keine große Hauskapelle spielte auf. Einzelne Künstler sorgten für die musikalische Untermalung des Kaffeehausbesuches. Bei Keksgebäck ließ man es sich gutgehen, dem Ersatzkaffee wurde lieber ein Schoppen Wein vorgezogen.
Das sollte sich aber nach dem Ende der Inflationsjahre ändern. Im Jahre 1925 konnte den Stammgästen versichert werden, dass jede Tasse frisch zubereitet wurde. Die hauseigene Konditorei lieferte wieder „vorzügliches Gebäck". Dem Zeittrend entsprechend wurde in der ersten Etage des Hotelkomplexes ein „vornehmes Familienkabarett" eingerichtet. Internationales Großstadtflair sollte die Einrichtung einer „American Bar" bringen.
Doch es war bereits abzusehen. Auf Dauer konnte Blesch sich nicht gegen die sich entwickelnde gastgewerbliche Großindustrie halten. Er verkaufte am 1. Juli 1927 den Hotel- und Kaffeehausbetrieb an die „ESPLANADE G.m.b.H". Umfangreiche Renovierungen folgten. Zwei Monate später ist aus der örtlichen Tagespresse zu erfahren: „Die neuen sehenswerten Lokalitäten der Piccadily-Betriebe Hotel / Conditorei / Café / Bar Dresden, Prager Straße 58 sind eröffnet". Etwa zeitgleich lief auch der Pachtvertrag zur Bewirtschaftung vom „Belvedere" aus. Hotelier und Kaffeehauswirt Franz Hugo Blesch beendete seine geschäftlichen Tätigkeiten in der Elbestadt.

37. Das „Café Altmarkt“ – Die letzte bedeutende Kaffeehausgründung vor dem Ausbruch des Ersten Weltkrieges im Sommer 1914

Sensibel reagiert die Dresdner Bevölkerung seit jeher, wenn es um Pläne zum Abbruch historischer Bausubstanz geht. Vor allem, wenn es um den Altmarkt geht. So auch im Jahre 1912. Die schon damals erfolgreiche Messerfirma „Henckel's Zwillingswerk“ aus Solingen kaufte das an dem linken Eingang stehende Grundstück für 875.000 Reichsmark. Eine beträchtliche Summe, die aber für diesen lukrativen Standort gerechtfertigt war. An einem Erhalt des darauf stehenden geschichtsträchtigen Gebäudes war man nicht interessiert. Da nutzten auch nicht die Argumente der Gegner – in dem Gebäude hätten verschiedene Vertreter des sächsischen Hochadels gewohnt. Ziel der neuen Eigentümer war es, an diesem Standort ein den „Ansprüchen der Neuzeit“ entsprechendes Geschäftshaus zu errichten.

Den Dresdner Bürger jener Zeit war es sehr unbehaglich, dass eines der ältesten charakteristischen Gebäude des historischen Dresden verschwand. Mit Argusaugen verfolgten sie den Neubau. Fast zwei

Das „Café Altmarkt“ war die letzte bedeutende Kaffeehausgründung vor dem Ersten Weltkrieg.

Jahre mussten sie warten, bis sie sich ein Gesamtbild vom neuen Gebäude machen konnten. Herumgesprochen hatte es sich schon längst, dass unter der Firmierung „Café Altmarkt" auch ein neues Kaffeehaus entstehen sollte. Als Betreiber gewann man Franz Chron. Für das einheimische Gästepublikum kein unbekannter Name. Schließlich war er seit 23 Jahren Inhaber der „Marchischen Weinstuben" und galt als „ein liebevoller Fachmann der Weinpflege". Umso neugieriger wurde nun seine neue berufliche Herausforderung als Kaffeehauswirt unter die Lupe genommen.

Wenige Tage vor der offiziellen Eröffnung am 28. Februar 1914 wurden die Vertreter der örtlichen Presse zur Vorbesichtigung eingeladen. Auf vier Stockwerken war der gastronomische Betrieb verteilt. Im Souterrain befanden sich die Wirtschafts- sowie Lagerräume mit den Kellern für Weißwein. Ein vornehmes Familien-Café erwartete die Gäste im ersten Stockwerk. Absichtlich verzichtete man auf „neue Formen moderner Innenausstattung". Alles erinnerte an „eine Art Empirestil", hieß es unter anderem. Besonders lobend wurde zur Kenntnis genommen, dass es hier keine musikalische Begleitmusik geben würde. Chron hielt nichts von diesem neuen Trend. Das neue „Café Altmarkt" sollte „vornehmlich der Lectüre und der geruhsamen Erholung dienen". Diese Einsparung ermöglichte es auch, „das braune dampfende Getränk" bereits zum Preis von 25 Pfennigen anzubieten.

Café Altmarkt

In der zweiten Etage befand sich der große Billardsaal. Sieben moderne Billardtische waren in der Mitte des Raumes aufgestellt. Darum eine erhöhte Estrade mit Sitzgelegenheit. Bereits wenige Monate später wurde es der Treffpunkt des „Dresdner Billardklubs". Der interessante Rundgang endete im obersten Stockwerk des neuen Geschäftshauses. Hier fand der Weinkenner Chron die geeigneten Lagerräume für seine Rotweinbestände.

Der Rundgang überzeugte auch die kritischen Stadtreporter jener Zeit. Und das „Dresdner Salonblatt“ zog in seinem Bericht folgendes Fazit:

„… Lichte, hohe Räume machen das Café mit dem klassischen Blick auf den mächtigen Platz davor zu einem angenehmen Aufenthalt“.

Und ein Kellner der ersten Stunde erinnert sich 25 Jahre später:

„… Bei seiner günstigen Lage wurde es bald zum Treffpunkt der Dresdner, denn vom Balkon aus konnte man das ganze auf der Seestraße und dem Altmarkt flutende Leben überschauen. Herrlich zu beobachten, wenn Fürstlichkeiten vierspännig vorbeirollen, oder wenn gar ein hochstelziges Auto mit lauten Hupenlärm sich den Weg durch die Menge bahnte. Da lohnte es sich schon, hier einen Kaffee zu trinken, denn wie im „Kientopp“ wechselte hier ständig das Beste …“

Das „Café Altmarkt“ war die letzte bedeutende Kaffeehausgründung vor dem Ersten Weltkrieg. Nicht einmal ein halbes Jahr blieb, um in Friedenszeiten das Unternehmen in Dresdens Altstadt zu etablieren. „Kriegswirtschaft“, politische Unruhen und Inflation werden im nächsten Jahrzehnt den gastgewerblichen Betrieb beeinträchtigen.
Erst Mitte der 1920er-Jahre war ein Neustart möglich. Die Bedürfnisse des Gästepublikums waren nicht mehr mit der Vorkriegszeit zu vergleichen. So wurde der alte Billardsaal in ein Tanz-Cabaret umgestaltet. Letztendlich erwartete der Betreiber auch höhere Umsatzzahlen. Eine richtige Entscheidung in jenen Jahren. Im Jahre 1938 erfolgte dann die Umbenennung in „Esplanade“.
Ein Jahr später – Ende Februar 1939 – konnte das 25-jährige Geschäftsjubiläum gefeiert werden. Wohl kaum einer ahnte, dass wenige Monate später der Zweite Weltkrieg ausbrach. Wiederum bestimmten staatlich erlassene Einschränkungen den Kaffeehaus- und Kabarettbetrieb. Und es endete in einem traurigen Finale. Das markante Gebäude an der Ecke Seestraße teilte das Schicksal aller Gebäude am Dresdner Altmarkt. Es wurde beim Bombenangriff im Februar 1945 komplett zerstört.

38. „Rundschreiben zu den ausgelegten Zeitungen“ – Februar 1915

Das Kaffeehaus als umfassende Informationsbörse verlor schon wenige Monate nach dem Beginn des Ersten Weltkrieges seinen Stellenwert. Dies machte sich unter anderem auch an der zunehmend kleineren Zeitungs- und Zeitschriftenauswahl bemerkbar. Zunächst verschwanden die Publikationen der Kriegsgegner Frankreich, England und Russland. Deutsche und österreichische Zeitungen berichteten einseitig über die aktuelle Tagespolitik und den Frontverlauf. Doch noch gab es Möglichkeiten, über Presseerzeugnisse aus neutralen europäischen Ländern sich umfassender zu informieren. Über verschlungene Wege erreichten sie auch die sächsische Residenzhauptstadt Dresden.
Anfangs wurde diese Entwicklung in Dresdens Kaffeehäusern von den staatlichen Behörden toleriert. Kriegseuphorie und der Glaube an einen Blitzsieg bestimmten noch das Handeln. Als es nun doch nicht so schnell ging, hieß es nun auch die Zensur bei der übrig gebliebenen ausländischen Zeitungsauswahl zu verschärfen. Spanische Publikationen werden es im Februar 1915 sein. In einem Eil-Rundschreiben an untergeordnete Behörden reagierte das „Königliche Sächsische Ministerium des Innern“. So heißt es darin unter anderem:

„... In deutschen Hotels, Kaffees, Restaurants, kaufmännischen und anderen Vereinen usw. liegen noch spanische Zeitungen aus, deren Haltung deutschfeindlich ist. Es handelt sich hierbei insbesondere um den Imparcial und den Heraldo de Madrid, daneben auch noch um die weniger verbreiteten gleichfalls antideutschen Blätter: El Liberal, La Correspondencia de Espana und um die illustrierte Zeitschrift: El Nuevo Mundo.“

Die beiden erstgenannten Tageszeitungen haben allerdings früher in Spanien hohes Ansehen genossen, sind jedoch nicht zum wenigsten wegen ihrer deutschfeindlichen Haltung stark zurückgegangen. Ihre Stelle hat außer der „Tribuna“ auch das „ABC“ eingenommen, die jetzt heute namentlich wegen ihrer Deutschfreundlichkeit die beliebtesten und verbreitetsten spanischen Zeitungen sind ...“

39. Als den Dresdnern das Stollenbacken verboten wurde – 1916

Vorweihnachtszeit in Dresden im Jahre 1916. Die dritte in den Zeiten des Ersten Weltkrieges. An den versprochenen schnellen Sieg glaubten nur noch wenige. Lebensmittelrationierungen bestimmten den Alltag. Die zuständigen Verteilungsbehörden leisteten mit „deutscher Gründlichkeit" ganze Arbeit. Schon zur Adventszeit wurde die Bevölkerung darauf hingewiesen, dass die von ihnen ersparte Mehlzuteilung (Brotkarten) keinesfalls dazu benutzt werden dürfte, um „mit dessen Hilfe Kuchen, Stollen und sonstiges Gebäck herzustellen oder herstellen zu lassen".
Dieses ausgesprochene Verbot tangierte auch die vielen Konditoreien mit den angeschlossenen Kaffeehäusern. Mit dem Ausbruch des Ersten Weltkrieges verloren sie ihre internationale Kundschaft. Nur wenige Wochen später kam der europäische und weltweite Stollenversand zum Erliegen. Lediglich der Handel im deutschen Kaiserreich und dem befreundeten Österreich-Ungarn waren noch möglich. Nun durfte das beliebte Gebäck und auch Exportschlager der sächsischen Residenzhauptstadt – der Dresdner Christstollen – überhaupt nicht mehr gebacken werden. Und in der Begründung des regulierenden Amtes hieß es:

> *„Das Mehl muß verwendet werden, daß es für die menschliche Ernährung den größten Nutzwert hat. Es muß zu Brot oder Semmeln verbacken oder zur Zubereitung von Speisen genutzt werden."*

Kuchen oder sogar Stollen könne nicht als vollwertiger Ersatz für diese Nahrungsmittel angesehen werden.
Ein empfindlicher Schlag für die Gewerbetreibenden, die in Vorkriegszeiten damit einen Teil ihres Auskommens verdienten. Diesen Umfang staatlicher Reglementierungen kannte man noch nicht. Auch nicht aus dem letzten Krieg mit dem „Erzfeind Frankreich" in den Jahren 1870/71.
Es liegt in der menschlichen Natur nach Möglichkeiten zu suchen, erlassene Verbote zu umgehen. Geredet darüber wurde aber nicht. Zu drastisch waren die angedrohten Strafen. So hieß es, sich zu schützen gegen unverhoffte Anzeigen. Schließlich konnten „Zuwi-

derhandlungen gegen dieses Verbot“ mit einem sechsmonatigen Gefängnisaufenthalt bestraft werden. Oder mit einer Geldbuße von 1.500 Reichsmark. Offen wurde darüber geworben, bekannte Fälle anzuzeigen.
Ein Wunschdenken eifriger Bürokraten. Eine Belohnung wurde nicht versprochen im Winter 1916. Wie hätte diese auch aussehen sollen? Ein paar Lebensmittelmarken mehr? Wohl kaum, gab es doch schon erhebliche Engpässe in der Versorgung der örtlichen Bevölkerung. Und schon längst arbeiteten die Konditoreien mit improvisierten „Notrezepturen“.
Ähnliche Bestimmungen gab es auch für die Zubereitung des Kaffeegetränks. So heißt es im gleichen Jahr: „20 g gerösteter Kaffee genügen, um 1 Liter Kaffeegetränk herzustellen!“ Zum Vergleich: in den Vorkriegsjahren war für eine Tasse Kaffee (0,1 Liter = 6,5 g) die übliche vorgesehene Menge. Wenige Monate später empfahl man sogar einen zweiten Aufguss. Schwere Zeiten für Dresdens Kaffeehausbesitzer und der gebliebenen Stammkundschaft.

40. Im Hotel „Europäischer Hof“ etablierte sich das „Café Rumpelmayer“ – Prager Straße / Ecke Sidonienstraße

Dresden im Jahre 1919. Insbesondere das einheimische Gastgewerbe hatte unter den Folgen des Ersten Weltkrieges zu leiden. Dieses machte sich in der Altstadt besonders bemerkbar. Nichts erinnerte mehr an das zahlreiche internationale Touristenpublikum der Vorkriegszeit. Drastisch waren in den letzten Jahren die Besucherzahlen in den führenden Hotelbetrieben der Stadt gesunken. Die gastronomischen Unternehmen waren kaum noch rentabel zu bewirtschaften. Neue Wege wurden gesucht. Ähnlich dem „Palasthotel Weber“ am Postplatz begann nun auch das altbekannte „Hotel Europäischer Hof“ in der Prager Straße, lukrative Räumlichkeiten zu verpachten. Hoteldirektor Rücker stand vor der schwierigen Entscheidung, den geeigneten Pächter auszuwählen. Letztendlich bekam das „vornehme Konditorei-Großunternehmen Rumpelmayer“ den Zuschlag. Die

Ein „belebender Hauch internationalen Lebens" wurde vom „Café Rumpelmayer" 1919 erwartet.

1881 gegründete Firma etablierte sich auch in Baden-Baden, Frankfurt a. M. und in Berlin. Bereits wenige Monate nach der Eröffnung wurde das neue Kaffeehaus lobend im „Dresdner Salonblatt" erwähnt. „Der Name „Rumpelmayer" garantiert Ihnen für einen vornehmen Aufenthalt und erstklassige Verpflegung". Man erinnerte sich an die Kaffeehauskultur der Vorkriegszeit und hoffte auf einen „belebenden Hauch internationalen Lebens". Am Haupteingang der neu geschaffenen Konditorei war das Gedränge groß. Schon lange hatten die Dresdner eine solche Fülle von Backwaren und Meisterwerken der Konditoreikunst nicht mehr gesehen. Zum Beispiel herrschte bis Ende 1919 sogar ein offizielles Stollenbackverbot, um zu verhindern, dass die Zutaten gehortet wurden. Aber auch die großzügige Gestaltung des neuen Unternehmens überraschte. Weiter ging es in den „Palmenhof". Hier konnte man Platz nehmen und sich verwöhnen lassen. „Torten und Gebäck" wurden herumgefahren und standen zur Auswahl. Kaffee und Tee galten als erstklassig. Erstmals wurde wieder auf feinem Porzellan und mit Silbergeschirr serviert.
Über zwei Eingänge konnten die Kunden und Gäste die Geschäftsräume erreichen. Der Eingang Sidonienstraße führte direkt in die „aparten rauchfreien Konditoreiräume". Von der Prager Straße aus ging es direkt „zu dem Palmenhof (ehemaliger Wintergarten vom Hotel „Europäischer Hof"), dem großen Konzertsaal, der „Hollän-

dischen Frühstücksstube“ und dem Lesezimmer. Für das weibliche Publikum gab es den diskreten Damensalon. Die Herren trafen sich meistens im kleinen „Rauchsalon“. Die Wände hatten dort eine „sattlila“ Farbe und grüne Stehlampen beleuchteten den Raum.
In der zweiten Hälfte des Jahres 1923 kam es auch in Dresden zu Unruhen wegen der galoppierenden Teuerungen und vereinzelten Plünderungen von Lebensmittelläden. Auch die Konditoreien oder Bäckereien waren davon nicht ausgenommen. So wurde es auch für das „Café Rumpelmayer“ zunehmend schwieriger, den gastronomischen Betrieb in gewohnter Weise fortzuführen. Es war jenes Jahr, wo die sächsische Landesregierung den Bäckern und Konditoren verbieten musste, mit prachtvollen Schaustücken der Konditoreikunst in den Verkaufsfenstern zu werben. Als „Maßnahme gegen die Schlemmerei“ waren die Anordnungen deklariert und sollten die Volksmassen beruhigen, die bei der zunehmenden Inflation schon Probleme hatte, das notwendige Brot zu erwerben.
Verständlich groß war die Aufregung im September 1923, als bekannt wurde, dass bei Rumpelmayer ein korrupter Polizist kostenfrei seinen Kaffee einforderte. Als Gegenleistung nahm er die Kontrolle der Einhaltung der Notverordnungen nicht so ernst. Die Sache flog auf und er musste sich vor dem Gericht verantworten.
Anfang 1924 stabilisierte sich die geschäftliche Lage wieder. Die Inflation fand ihr Ende. Die Goldenen Zwanzigerjahre begannen auch für das „Café Rumpelmayer“. Neben den altbekannten Kaffeehäusern „Hülfert“ und „Limberg“ zählte es bereits zu den ersten

Spezialität: Hühnerbrühe RM. 1.—

Speisen

Spezialität: Hühnerbrühe RM. 1.—

Warm

1 Fleischbrühe	—.40
1 Fleischbrühe mit Ei	—.65
1 Pastete, Königin Art	—.60
2 Eier im Glas	—.70
2 gekochte Eier mit Butterbrot	—.95
2 Spiegeleier	—.95
1 Portion Rühreier, 3 Stück	1.20
1 Portion Rührei mit Schinken (2 Eier)	1.50
1 Portion Ham and eggs (2 Eier)	1.50
1 Omelette confiture	1.25
1 Paar Frankfurter Würstchen	1.—
Toast gebuttert	—.60
1 Geflügelpastete (Vol au Vent)	1.50
1 Omelette mit Geflügelleber	1.80

Kalt

Brot und Butter	—.35
1 Portion Butter	—.25

Kalt

Sandwiches, diverse, 3 Stück	1.—
2 halbe Brötchen mit Schinken, Braten, Wurst, Käse usw.	1.—
1 belegtes Brot mit Schinken, Braten, Wurst, Käse usw.	—.90
1 Portion Heringssalat	1.—
1 Portion Ital. Salat	1.—
1 Rumpelmayer-Schnitte	1.20
1 belegtes Brötchen mit Lachs	1.20
Russische Eier	1.20
1 Junges Hähnchen	....
1 Portion Lachs	1.80
1 Portion Aufschnitt mit Brot und Butter	2.—
1 Butter-Brötchen	—.30
1 Schlemmerschnitte	3.50
1 Portion Caviar, Butter u. Toast	8.—

Spezialität:

1 Portion gefülltes Käsegebäck	1.—
1 Glas Sekt	1.50

Ausschnitt aus der Angebotskarte des „Café Rumpelmayer“ Anfang der 1930er-Jahre.

Adressen in der Prager Straße. In Auslagen konnte die reichliche Auswahl von „Konditorei-Gebäck“ und Torten wieder zur Schau gestellt werden. Pralinen aus hauseigener Produktion vervollständigte das Angebot. Es wurde in die Zukunft investiert. In Dresden-Plauen entstand auf der Chemnitzer Straße 78 eine ortsansässige „Eigene Schokoladen=, Früchte= und Konfitüren=Fabrik“. Hier wurden auch die Konditoreierzeugnisse gebacken. Bestellungen konnten telefonisch oder am Kuchenbüfett abgegeben werden. Die Auslieferung erfolgte dann für das Außer-Haus-Geschäft „per Auto“.
Doch noch vieles anderes verrät eine erhalten gebliebene Werbeschrift des Konditoreiunternehmens. Der morgendliche Gast hatte die Qual der Wahl zwischen vier verschiedenen Gedecken. Das unverzichtbare Ei zum Frühstück stammte „von unserer eigenen GEFLÜGELFARM in der Lößnitz“, hieß es weiter. Jene waren für die einkaufende Hausfrau auch „in 6 und 10 Stück-Verpackung auch im Laden“ – der Verkaufsabteilung vom „Café Rumpelmayer“, zu haben. Und nicht wenige Passanten der belebten Prager Straße werden sich hier mit einer kräftigenden Hühnerbrühe zu weiteren Einkaufs- und Erkundungstouren gestärkt haben.
Zu einer kompletten Umgestaltung vom „Café Rumpelmayer“ kam es in den Herbstmonaten 1929. Unter anderem wurde die gastronomische Bewirtschaftung des ehemaligen Wintergartens vom „Hotel Europahof“ aufgegeben. Das verkleinerte Kaffeehaus konnte sich weiterhin über zahlreiche Stammkundschaft erfreuen. Und in der Sächsischen Staatszeitung ist folgende Empfehlung für die kommenden Jahre zu lesen:

> „*… Freunde beschaulicher Betrachtung des Großstadtverkehrs werden in der Konditorei Rumpelmayer auf die Kosten kommen, weil sie in gleicher Höhe mit der Straße das Auf und Nieder der Fußgänger und Wagen an sich vorüberfluten lassen …*“

41. Die „Parkkonditorei Guck“ am Ausstellungspalast

In drei Richtungen konnten Dresdner Kaffeeliebhaber in den Sommermonaten der 1920er-Jahre „ausschwärmen“. Entweder blieben sie dem angestammten Lokal in der Dresdner Altstadt treu oder sie verbanden ihre Leidenschaft mit einem Besuch zahlreicher Kaffeehausgärten in den Vororten. Sehr viele zog es auch in Richtung „Städtischer Ausstellungspalast“.

Sieben lange Jahre hieß es sich gedulden, bis der monumentale Bau wieder mit seinem weit gefächerten Ausstellungsangebot glänzen konnte. Im Ersten Weltkrieg wurden eine Vielzahl der Räumlichkeiten als Militärlazarett genutzt. Erst im Jahre 1920 konnte der gesamte Gebäudekomplex wieder seinem ursprünglichen Nutzungskonzept zugeführt werden.

„Jahresschauen Deutscher Arbeit“ werden ein ganzes Jahrzehnt bestimmen. Jene beschäftigten sich mit einer ganz speziellen Thematik:

- 1922 – Glas, Porzellan, Keramik
- 1923 – Spiel und Sport
- 1924 – Textil-Ausstellung
- 1925 – Wohnung und Siedlung
- 1926 – Jubiläums-Gartenbau- und Internationale Kunstausstellung
- 1927 – Das Papier
- 1928 – Die technische Stadt
- 1929 – Reisen und Wandern

Im Sommer im Freien tanzen zu können, das war die Attraktion in der „Parkkonditorei Guck“.

Langsam und stetig eroberte sich die Landeshauptstadt Dresden wieder den Ruf eines hervorragenden Ausstellungsortes zurück. Gleichzeitig wurde die Gestaltung des dazugehörigen „Ausstellungspark" geändert. Im Gegensatz zur Vorkriegszeit öffneten nun auch hier in den Sommermonaten Interimsbauten, die feststehende Namen erhielten. Das treue Gästepublikum schätzte diese Neuerung.
Sommerliche Tanzpaläste mit den schon längst in Vergessenheit geratenen Namen „Libelle" und „Mücke" etablierten sich zu beliebten abendlichen Treffpunkten. Ein Inserat aus dem Gründungsjahr 1922 verrät, dass hier „täglich große Ballschauen" stattfanden. Zugegeben, alles erinnert noch etwas an eine Zurückbelebung der Zeiten vor dem Ersten Weltkrieg, wo sich viele altbekannte Dresdner Gastwirte bei den Organisatoren der Ausstellungen bewarben, um das zahlreich zu erwartende Gästepublikum von ihren Leistungen zu überzeugen.
Nicht anders erging es auch dem ersten Pächter der „Parkkonditorei Guck" Otto Fritzsche. Sein Stadtgeschäft war die „Kronen-Konditorei" im Haus Grunaer Straße 42. Werden die von ihm an zwei Wochentagen angebotenen „Elite-Tage" – was immer das auch war – die Gäste von der „Großen Auswahl in Konditoreiwaren" überzeugen. Es wird wohl geschehen sein. Dieses beweist nicht zuletzt die Tatsache, dass die „Parkkonditorei Guck" auch bei den kommenden Ausstellungen vertreten war.
Originell auch die Namensgebung: „Guck". Und es lohnte sich schon einmal hineinzuschauen. So warb man im Juli 1926 mit folgender Fragestellung: „Wie man in Dresden am besten tanzt?" Die Antwort: „Sieht man am besten in der Großkonditorei Guck" im Ausstellungsgelände.
Ein Jahr vorher gab es noch große Auseinandersetzungen mit dem gastronomischen Hauptpächter des Städtischen Ausstellungspalastes. Jener hatte Protest gegen Tanzveranstaltungen in der „Parkkonditorei Guck" eingelegt. Die staatlichen Aufsichtsbehörden beschäftigten sich mit dem Vorwurf. Letztendlich kamen sie zu dem Ergebnis, „absolut keine unwürdige Art in der Ausführung der Tanzmusik" feststellen zu können.
Eine Entscheidung, welche auch in der örtlichen Tagespresse Zustimmung fand. So heißt es unter anderem in der Dresdner Rundschau:

„... In unserer Zeit der Luftkultur und des Sportes ist es sehr zu begrüßen, daß endlich der Tanz während der Sommermonate aus dunstigen Sälen ins Freie verlegt worden ist ...“

Das städtische Unternehmen im Ausstellungspalast musste die neue Konkurrenz in den Sommermonaten dulden. Die Parkkonditorei „Guck“ blieb in den kommenden Jahren weiterhin ein beliebter Treffpunkt im „Ausstellungspark“. Schließlich hatte man hier auch die Möglichkeit, im Freien zu tanzen. Und zu „gucken“ gab es zur Genüge.

42. „Mo-Ca“ – das „foinste“ Café Dresdens – am Pirnaischen Platz

Dresden im Dezember 1929. Wieder einmal erhitzten sich die Gemüter über eine Kaffeehausgründung. Durch die Weltwirtschaftskrise waren nicht wenige erfahrene Gastwirte gezwungen, ihre Geschäfte aufzugeben. Das hieß aber nicht immer, dass sie zahlungsunfähig waren, sondern langfristig die alten – unter ganz anderen wirtschaftlichen Verhältnissen – vereinbarten Mietverträge oder Kredite nicht bedienen konnten. Notgedrungen waren sie gezwungen, ihre Geschäfte beim Dresdner Gewerbeamt abzumelden, um ein neues kalkulierbares gastronomisches Unternehmen zu gründen. Hatten sie aber ein geeignetes Verkaufslokal gefunden, scheiterte die erforderliche neue Konzession bei der vorsichtigen Behörde an der „Bedürfnisfrage“.
Die Wochenzeitschrift „Dresdner Rundschau“ nahm sich dieser Thematik an. Die Redaktion hatte den Tipp bekommen, dass „die neuerbauten Räume der um die Ecke gerückten Mohrenapotheke endlich einen Mieter gefunden“ hätten. Besonders skeptisch wurde in dieser sensiblen Zeit über die Vermögensverhältnisse des Investors spekuliert. Der aus Breslau nach Dresden gezogene Kleiderhändler Hamburger hatte wenige Jahre zuvor in der Wilsdruffer Straße 34 ein Geschäft eröffnet. Recherchen ergaben, dass er noch „400.000 RM“ aus einem früheren geschäftlichen Zusammenbruch an seine Gläubiger zurückzuzahlen hatte.

Gerade jener „landfremde Tausendsassa hat nun das Risiko auf sich genommen, jährlich ca. 40.000 RM Miete aus diesem „kloinen“ und „foinen“ Café herauszuwirtschaften, neben den beträchtlichen anderen Unkosten!“ So stellten sich die Fragen: Nach welchen Richtlinien erteilt das Dresdner Gewerbeamt überhaupt eine Schankkonzession? Ist nicht zu befürchten, dass auch zukünftige Lieferanten geneppt werden? Zumal der Antragsteller mit „keinerlei fachmännischen Gastwirtskenntnissen belastet ist“.
Eine Woche später gab es Antwort aus dem Dresdner Rathaus. Der zuständige Stadtrat wies darauf hin, dass die „Schankgenehmigung nach kollegialer Beratung“ erfolgt sei. Der Gesuchsteller müsse nicht unbedingt ein Fachmann auf diesem Gebiete sein. Kreditfinanzierung gehöre zur gängigen Praxis bei jeder Geschäftseröffnung. Und ein Gesetzestext aus dem Jahre 1923 war dem Brief an die Redaktion beigefügt. Danach hatten sich die Aufsichtsbehörden zu richten. Und in drei Punkten wurde festgelegt, wann eine Erlaubnis nicht zu erteilen war:

1. *Wenn Tatsachen die Annahme rechtfertigen, daß der Antragsteller die für den Gewerbebetrieb erforderliche Zuverlässigkeit nicht besitzt, insbesondere den Trunk ergeben ist oder das Gewerbe zur Förderung der Schlemmerei, der Völlerei, des verbotenen Spieles, der Hehlerei, unlauterer Handelsgeschäfte oder der Unsittlichkeit oder zur Ausbeutung Unerfahrener, Leichtsinniger oder Willensschwacher, zur Sittlichen oder gesundheitsschädlicher, verfälschter oder verdorbener Nahrungs- oder Genußmittel mißbrauchen werden;*
2. *Wenn die zum Betriebe des Gewerbes bestimmten Räumlichkeiten wegen ihrer Beschaffenheit oder Lage den polizeilichen Anforderungen nicht genügen;*
3. *Wenn die Verwendung der Räume für dem öffentlichem Interesse widerspricht.*

Auf den häufigsten Ablehnungsgrund für viele kleinere gastgewerbliche Unternehmungen – der Bedürfnisfrage – ging das amtliche Schreiben nicht ein.
Die Aufregung unter den einheimischen Fachleuten war verständlich. Doch ihre Wut richtete sich nicht nur gegen die kaum nach-

vollziehbare Konzessionsgenehmigungen durch das Gewerbeamt, sondern auch gegen ihren eigenen Verband, der „Vereinigung der Hotel-, Gast- und Schankwirt-Verein und Kaffeehausbesitzer von Dresden und Umgebung“ sowie deren Vertreter in der Stadtverordnetenversammlung. Denen wurde fehlendes Engagement für die Interessen des einheimischen Gastwirtstands vorgeworfen.
Längst ging es in der Pressekampagne nicht mehr darum, dass Dresdens Innenstadt um eine Kaffeehausadresse reicher werden sollte. Die Gemüter erhitzten sich an den Konzessionsgenehmigungen. Es war in diesen wirtschaftlichen Zeiten nicht nachvollziehbar, dass eine geschäftliche Neugründung gestattet wurde, ohne nach finanziellen Sicherheiten zu fragen. Ihre Zweifel sahen sie letztendlich darin bestätigt, „daß er seinen zukünftigen Lieferanten, u. a. auch der Delikatessenfirma Lehmann & Leichsenring, das Angebot machte, Waren von ihr zu beziehen, wenn die Firma 1.500 RM zu Reklamezwecken zur Verfügung stelle“.
Eine solche Vorfinanzierung war den gestandenen Dresdner Kaffeehauswirten fremd. Mit rechtlichen Mitteln versuchte der Berufsverband, gegen dieses neue Geschäftsgebaren vorzugehen. Ihre Einwände wurden vom Oberbürgermeister nur als ein Manöver zur Verhinderung zusätzlicher Konkurrenzunternehmen angesehen. Einige Vereinsmitglieder warben mit dem Vorschlag, sämtliche gastronomischen Betriebe der Stadt aus Protest gegen diese Art und Weise der Konzessionserteilung zu schließen. Doch sie fanden damit auch bei vielen ihrer Berufskollegen wenig Zustimmung. Schließlich hatte sich in den letzten Jahren gezeigt, dass „solche Aktionen verpuffen, weil eine Einigkeit und Geschlossenheit nie zu erzielen ist“.
Das zuständige Entscheidungsgremium im Dresdner Rathaus war wenig später kaum noch ein Angriffspunkt. Auch die vorher scharf formulierten Fragen in der öffentlichen Tagespresse brauchte es nicht zu beantworten. Im Gegensatz zeigte sich die Zerstrittenheit zwischen den vielen gastgewerblichen Unternehmern Dresdens. Sicherlich gehörten die ca. etwa 1.200 Gastwirte „mit ihren 15.000 Arbeitnehmern“ zu einem wichtigen Wirtschaftszweig der Stadt. Doch jene konnten sich schon seit vielen Jahren nie auf ein einheitliches Vorgehen gegen willkürliche behördliche Entscheidungen

einigen. So war es bei der Schaffung eines einheitlichen Tarifvertrages gewesen, der Gründung großer Kaufhausrestaurants und oder der Erhebung unterschiedlicher zusätzlicher kommunaler Steuern. Bereits wenige Monate später verpuffte die große Aufregung. Das „Mohren-Café mit AUTOMAT" wurde eröffnet. Allerdings ab Januar 1931 bereits „mit neuer Bewirtung". Im gleichen Gebäude befand sich die „Mohren-Apotheke" und gegenüber das beliebteste Postkartenmotiv vom Pirnaischen Platz, der „Kaiser-Palast".

43. Aufzeichnungen über das „Café Berger" – Wilsdruffer Str. 42 – Thea Wiedemann, Tochter des letzten Besitzers Gerhard Balzer, erzählt

Dresden im Jahre 1869. In der Wilsdruffer Straße (damals ging sie nur vom Postplatz bis zum Altmarkt) eröffnete Georg Berger seine Konditorei. Dem Zeittrend entsprechend verband er sie mit einem einladenden Café. Dazu war zunächst ein zweckmäßiger Umbau der angemieteten Räumlichkeiten erforderlich. Schließlich war das Haus vor vielen Jahrzehnten als Stadtpalais eines reichen Adligen errichtet

Die Konditorei um 1920.

worden, wovon auch die reliefverzierten Erker an der schmalen Außenfassade kündeten. Im hinteren Teil befanden sich Remise und Pferdestall.
Architekten und Baumeister waren gefragt, um das Erdgeschoss und die erste Etage des Gebäudes für Gewerbezwecke nutzbar zu machen. Das Ergebnis konnte sich sehen lassen. Zunächst fielen die beiden großen Schaufenster den aufmerksamen Passanten auf. Diese waren stets liebevoll dekoriert mit Torten, Kuchen und Gebäck. War die Kauflust geweckt, so überraschte den eintretenden Kunden die Inneneinrichtung. So erinnerte sich die Tochter des letzten Besitzers:

> *„Das Café zog sich weit nach hinten und war relativ schmal. Vorn links befand sich das Kuchenbuffet und am Ende des Raumes die Ausgabe für Getränke und Eis. Im vorderen Teil wurde die Decke mit einer Hinterglasmalerei geschmückt, auf der sich Putten in einem Blumengerank tummelten. Den übrigen Raum zierte Kreuzgewölbe, der Sockel bestand aus einer dunkel gebeizten Holzlamperie im Stil der damaligen Zeit. Die übrige Wand- und Deckenfläche war mit einer gebrochenen hellgrünen Farbe gestrichen.“*

Die neu geschaffene Backstube im Erdgeschoss und verschiedene „Nutz- und Vorratsräume“ in der ersten Etage ermöglichten den geschäftlichen Betrieb.
Bäckerehre und handwerkliches Können zeichneten den Firmengründer Georg Berger aus. Er konnte sich über zahlreiche Kundschaft freuen, ohne dafür groß in den Dresdner Tageszeitungen zu inserieren. Erweiterungen oder den Aufbau mehrerer Filialen waren nicht seine Sache. Dieses bestätigte sich auch in der Wahl seines Nachfolgers. Als er sich nach fast 43-jähriger Tätigkeit aus dem aktiven Geschäftsleben zurückzog, übergab er es seinem langjährigen Mitarbeiter Max Schubert, der ihm zum Freund geworden war.
Das war im Jahre 1912. Auch Schubert setzte auf das traditionelle Geschäftsprinzip seines Vorgängers. Seine Frau Christine überzeugte ihn, ihren jüngeren Schwestern die Ausbildung als Verkäuferinnen zu ermöglichen. Ein kleines Familienunternehmen entstand. Eine Besonderheit jener Zeiten sei erwähnt: Es gab ein Verkaufsfenster, das nur über den Hausflur des alten Gebäudes erreichbar war. Hier konnten die besonders eiligen Kunden Kuchen zum Mit-

nehmen kaufen. Manchmal diente die direkte Verbindung zum Hausflur auch anderen Zwecken. Wie diese kleine Episode zeigt:

> *„Eines Tages erschien eine Frau mit ihren Töchterchen im Café. Die Mutter hatte ein passendes Stück Kuchen für das Kind ausgesucht, was diesem gar nicht passte. Es nörgelte, brachte die Mutter um ihre Geduld, bis diese endlich sagte: „Nun, ja, so bekommst du dein Sahnebaiser, aber sei endlich still.*
>
> *Inzwischen waren andere Gäste auf dieses ungezogene Kind aufmerksam geworden. Ehe die Mutter das Kind beruhigen konnte, schrie die Kleine: „Nu bläk'sch grade!". Meine Tante öffnete der Mutter bereitwillig die Tür zum Hausflur, wo sie dem Kind den Hintern versohlte."*

Auch über den Einfallsreichtum aus den Zeiten des Ersten Weltkrieges konnte ihre Mutter viel berichten. Der Einkauf der notwendigen Backzutaten wurde zunehmend schwerer. Und im berüchtigten Kohlrübenwinter 1917 gab es sogar Versuche, aus dieser Rübe eine Pralinenfüllung zu entwickeln. Selbst die beliebten Dresdner Käsekeulchen – später Quarkkeulchen – erlebten neue Rezepturvorschläge. Hier eine zeitgenössische Empfehlung:

> *„… Drei Pfund Kohlrüben waschen, schälen, in Stücke schneiden und weichkochen. Das Wasser abgießen, gut abdämpfen lassen, durch die Fleischmaschine drehen. Ein Ei mit etwas Zucker und Salz schaumig gequirlt, mit den Kohlrüben vermischt, ungefähr fünf Esslöffel Mehl dazu und ein Backpulver. Die Keulchen werden in der Pfanne in etwas Öl oder Fett gebacken, mit Zucker und Zimt bestreut …"*

Durchgesetzt hat sich diese Rezeptempfehlung wohl kaum. Nachkriegswirren und Inflation folgten. Kurzzeitig gab es im Jahre 1923 sogar ein Gesetz, das dem Bäckereigewerbe die Ausstellung ihrer Ware in Verkaufsfenstern verbot, um öffentliche Ausschreitungen zu verhüten. Als „Maßnahmen gegen die Preisschlemmerei" war es deklariert. Und es traf zunächst die kleineren Unternehmen, welche auf diese Art der Werbung angewiesen waren. Kurzarbeit und Arbeitslosigkeit waren die Folge.

Als sich ein Jahr später die wirtschaftlichen Verhältnisse wieder normalisierten, konnte auch das Traditionsunternehmen „Café

Berger“ an die Qualitätsansprüche der Vorkriegszeit anknüpfen. Dieses verdankte es letztendlich der treuen Stammkundschaft. Jene schätzten das hier schon seit vielen Jahren arbeitende Bedienungs- und Verkaufspersonal. Und Thea Wiedemann erzählt weiter:

> *„Meine Mutter und ihre Schwestern waren stadtbekannt wegen ihrer prächtigen Haarkronen. Noch heute können sich alte Dresdner an sie erinnern. Es wurde sehr viel Wert auf das äußere Erscheinungsbild des Verkaufspersonals gelegt. Die Verkäuferinnen trugen einheitliche Kleidung, im Sommer hellblaue Kleider, im Winter braune, mit weißen Schürzen. Sogenannte Bubiköpfe wurden nicht geduldet, so wurde vermieden, daß Haare auf die Ware fielen.*
>
> *Zwei Ober eilten geschäftig zwischen den Tischen mit Marmorplatten hin und her, um die immer zahlreichen Gäste zu bedienen. Auf kleinen Tabletts aus Metall wurde der Kaffee mit Sahnekännchen und Zuckerschale aus Hotelsilber serviert. Das Glas Wasser durfte nicht fehlen. Am hintersten, etwas größeren Tisch nahmen meist Herren aus den umliegenden Ämtern und Museen Platz, um in der Frühstückspause eine Pastete mit Fleischfüllung, dazu feine Brühe mit Ei, zu verzehren. Tageszeitungen hingen an damals üblichen Holzklemmhaltern aus. Nach der Frühstückszeit wurden sie aber entfernt, da man vermeiden wollte, dass Gäste über lange Zeit ihren Platz behielten, denn jeder Tisch wurde dann für die Cafégäste gebraucht.“*

Im „Café Berger“ lernten sich auch in den 1920er-Jahren ihre Eltern kennen. Voller Stolz berichtet sie vom beruflichen Werdegang des Vaters und späteren Konditoreimeisters Gerhard Balzer:

> *„Am 11.9.1891 in Nieder-Biehla in Schlesien geboren, wuchs er im Kreise von sechs Geschwistern im elterlichen Anwesen, der Vater besaß eine Holzschneidemühle, auf. Als nun die Frage nach der Berufsausbildung an ihn herangetragen wurde, zog er die Lehre eines Konditors der eines Schlossers vor, obwohl man im Alter von 14 Jahren schwerlich entscheiden kann, ob man die richtige Wahl getroffen hat. Nach Abschluss der Konditoreilehre in Görlitz begab sich der junge Geselle, seinen Bildungs- und Erlebnisdrange folgend, auf die Wanderschaft. Seine Reisen führten ihn u. a. nach Leipzig, Hamm, Braunschweig, Innsbruck, Hannover und Dresden.*

Der häufige Stellungswechsel resultierte nicht aus mangelnder Sesshaftigkeit, sondern aus der fortschrittlichen Einstellung zum Beruf. Sobald er spürte, dass der Meister ihm nicht zugleich Vorbild in jeder Beziehung war, er also sein Wissen und Können nicht ausbauen könne, so suchte er sein Glück anderswo, meist zum Bedauern des Prinzipals, wie man es noch heute im Gehilfen-Pass nachlesen kann.“

Ein Teil der Arbeitsdokumente von Gerhard Balzer werden heute in den Sammlungen des Stadtmuseums Dresden aufbewahrt.
Der ehrgeizige Konditor fand in der schönen jungen Frau und gut ausgebildeten Verkäuferin die optimale Lebensgefährtin. Sie heirateten und sehr bald stellte sich auch Kindersegen ein. Und so sind schon früheste Kindheitserinnerungen ihrer Tochter Thea mit dem geschäftlichen Geschehen im „Café Berger“ verbunden. Ihre Eltern werden am 1. Januar 1935 die beliebte Konditorei übernehmen.
Aller Anfang war natürlich schwer. Schließlich hatte sich die junge Familie gerade mit einem Hausbau verschuldet. Kredite waren abzubezahlen. Und gleichzeitig waren Investitionen für die Modernisierung des Geschäftsbetriebes erforderlich. Es hieß an allen Ecken zu sparen, um zum Beispiel die Anschaffung einer „automatischen Kaffeemaschine“ zu ermöglichen. Auch die alte Eisbereitungsmaschine musste dringend durch eine neue ersetzt werden. Und dann mussten noch die Auflagen des städtischen Gewerbeamtes erfüllt werden, bauliche Veränderungen bei dem Organisationsablauf des Geschirrabwasches vorzunehmen.
Gerhard Balzer ging dieses unternehmerische Wagnis ein. Neben der Tagesarbeit waren am Abend Abrechnungen erforderlich. Nach Erzählungen ihrer Eltern war das täglich geführte Backbuch dabei eine wertvolle Unterstützung.

„Dabei wurden Wochentage, Wetter und Jahreszeiten berücksichtigt. An Wochenenden, die schönes Wetter versprachen, wurde weniger Ware hergestellt, da man damit rechnen musste, dass viele Stadtbewohner Lokale am Stadtrand oder Ausflugsziele ansteuerten.
An heißen Tagen lief das Speiseeisgeschäft auf Hochtouren, während an kühlen Tagen Kuchen, Torten und schwere Gebäcksorten Vorrang hatten.

Im Spätsommer wurde der Lebkuchenteig vorbereitet. Bis zur Weihnachtszeit hatte er Muße zu ruhen, dann wurden verschiedene Spezialitäten daraus hergestellt. Auch der Versand von Dresdner Christstollen nach Übersee musste Wochen vor dem Fest beginnen. Die Stollen wurden per Schiff transportiert, vorher luftdicht in Weißblechkisten eingelötet, damit das Aroma nicht durch See- und Schiffsgeruch verdorben wurde."

Besonders faszinierend war es, dem Vater bei seiner Tätigkeit zuzuschauen:

„In seiner knapp bemessenen Freizeit übte sich mein Vater in der dekorativen Gestaltung von Ausstellungsstücken für das Schaufenster. Er kaufte sich dafür einen Zahnarztbohrer und bearbeitete damit die Zuckerblöcke, um z. B. eine Eislandschaft mit Eisbären oder anderen figürlichen Darstellungen herzustellen. Große Fertigkeit entwickelte er in der Herstellung von Marzipanrosen und Marzipanobst, wozu wir Kinder Birnen- und Apfelstiele sammelten, damit die Früchte ganz natürlich wirkten. Eine besondere Spezialität war die Kakaomalerei auf Marzipanplatten."

Die Leistungen des neuen Geschäftsinhabers wurden sehr schnell durch ein stetiges Wachstum der Stamm- und Laufkundschaft anerkannt. In sehr guten Geschäftszeiten hatte er bis zu 35 Mitarbeiter. Sie alle wurden mit einem guten Mittagessen versorgt. Auswärtigen Fachkräften wurde sogar eine Unterkunft gestellt und volle Verpflegung zugesichert. Es herrschte ein gutes Betriebsklima, denn Konditormeister Balzer wusste aus eigener Erfahrung, dass der weitere geschäftliche Erfolg nur durch zufriedene und motivierte Angestellte gesichert werden konnte.
Seine jüngste Kundschaft waren die Kinder, welche die sogenannten „Abfalltüten" von ihrem Taschengeld kauften.

„Sie wurden aus weißem Einwickelpapier zusammen gedreht und mit Kuchenrändern und zerbrochenen Köstlichkeiten wie Baiserschalen, Mohrenköpfen, zerdrückten Tortenstücken usw. gefüllt. Man konnte sie für 0,10 RM am Verkaufsfenster erstehen",

erinnert sich Thea Wiedemann. Und in den Schulferien machte es großen Spaß, im elterlichen Geschäft mithelfen zu dürfen.

„Wir konnten Kuchen schneiden, Eis portionieren oder in der Kaffeeausgabe Löffel waschen und Wassergläser füllen und die Zuckerschälchen auf die Tabletts setzen.“
Das erste selbstverdiente Geld.

Schwer war es manchmal mit den Dresdner Spracheigentümlichkeiten. Verständigungsprobleme konnten bei einer einfachen Bestellung geschehen:

„So hatte eine Verkäuferin Schwierigkeiten, den Wunsch einer Dame zu verstehen. „Geben Sie mir ein Viertelpfund Mürpeguchschen“. Sie musste mehrmals fragen, was ihr sichtlich peinlich war, aber sie konnte die Kundin nicht verstehen. Schließlich half ihr eine Arbeitskollegin und sie fanden heraus, dass es der Kundin um ein Viertelpfund Mürbeteigkuchen ging. Nach erfolgter Bedienung huschte sie davon, mit der Bemerkung: „Schaffen's sich ein bess'res Gehör an.“

Über solche Kommunikationsprobleme konnte man schmunzeln. Weitaus mehr Aufregung brachte der Auftritt einer erbosten Kundin, welche sich darüber beschwerte, dass die gelieferten Waren überhaupt nicht ihren Vorstellungen entsprächen. Ihre gewissenhafte Mutter war über diese Vorwürfe sehr erstaunt. Letztendlich stellte sich aber heraus, dass sich die Dame bei ihrer Bestellung in der Adresse geirrt hatte. Denn auch in der naheliegenden Seestraße gab es eine Firma „Konditorei Berger“.
Einfallsreichtum war Ende der 1930er-Jahre gefragt, als es bei einer telefonischen Bestellung von nicht gefüllten Blätterteigpasteten zu einem Versehen kam. Die Küche des bekannten Bierrestaurants „Hackerbräu“ an der Moritzstraße orderte hundert Stück. Bei einem Schreibfehler wurde noch eine Null angehangen. Statt hundert wurden nun tausend Stück gebacken. Erst bei der Lieferung stellte sich der Irrtum heraus. Guter Rat war teuer. Doch es wurde eine Lösung gefunden, wie der Schaden zu reparieren sei:

„Mein Vater kam mit dem Vorschlag, die Pasteten mit gemischten, zum Teil kandierten Früchten zu füllen, das Deckelchen aufzusetzen und alles mit einer Zuckerglasur zu krönen. Es dauerte nicht lange, so waren die 900 Pasteten als süße Törtchen in Verkauf und fanden reißend Absatz.“

Im September 1939 begann der Zweite Weltkrieg. Schon wenige Monate später gehörten Lebensmittelmarken zum Dresdner Alltagsleben. Auch wenn die Sortimentsauswahl sich verkleinerte, hatte das Verkaufspersonal zusätzliche Aufgaben zu erfüllen. Scheren gehörten nun neben der Kasse zum wichtigsten Arbeitsutensil. Jene benötigten sie zum Abschneiden der Kuchenmarken. Und viele werden in den kommenden Jahren auch verlorengehen, da sie versehentlich mit den Kuchenpaketen eingepackt wurden. Mühsam war auch die Arbeit nach Geschäftsschluss. All die abgeschnittenen Papierschnipsel waren auf einen Markenbogen zu kleben. Erst dann stimmte die Abrechnung.
Zunehmend wurde es auch schwieriger, die erforderlichen Backzutaten zu bekommen. Staatliche Regulierungen und „Lebensmittelersatzstoffe“ erforderten Experimentierfreudigkeit und Einfallsreichtum. Zum Beispiel hieß es, fehlende frische Eier zu ersetzen. Und so heißt es:

> *„Durch Zufall machte mein Vater die Entdeckung, daß das von ihm verwendete ‚Milei‘ (Milcheiweiß) in Verbindung mit säuerlichen Fruchtsaft oder -mus eine stabile Creme ergab. Mit einem dünnen Teigboden ergab die Creme sehr wohlschmeckende Torten, die eine Lücke im Angebot schließen konnten.“*

Weitere Einschränkungen im Geschäftsbetrieb werden folgen. Bis zu den Luftangriffen am 13./14. Februar 1945. Die Familie Balzer verlor ihre geschäftliche Existenz.

Thea Wiedemann beschreibt in ihren Aufzeichnungen den schwierigen beruflichen Neuanfang:

> *„Im Sommer 1945 halfen meine Schwester und ich meinem Vater, Maschinen aus den Trümmern zu bergen. Sie konnten in Stand vorgesetzt werden, fanden wieder Verwendung und brachten meinem Vater in dieser Notzeit etwas Geld ein.*
> *Nach dem Krieg versuchten meine Eltern, beruflich wieder Fuß zu fassen. Die Anfänge waren sehr bescheiden. Im ‚Café Südhöhe‘, damals von Familie Völkel bewirtschaftet, bot sich die Gelegenheit, zur Nachmittags-Kaffeezeit Plinsen zu backen. So zogen meine Eltern zu Fuß mit Teigschüssel, Schneebesen, Materialien und*

Naturalien mehrmals wöchentlich, so wie es die Zutaten zuließen, ins Café, um die Gäste mit ihrem Gebäck zu erfreuen.
Nach einiger Zeit konnte mein Vater eine kleine Bäckerei in Dresden Torna übernehmen. Es wurde ein schwieriges Arbeiten. Knapp bemessene Rohstoffe und ein vom Vater angeschaffter elektrischer Backofen, der wegen Strommangels nur nachts betrieben werden konnte, erforderten viel Einfallsreichtum und Flexibilität. Des Vaters angegriffene Gesundheit und die durch den Gesellen verursachten Fehlbestände führten zum Verlust des Gewerbescheines und somit zur Aufgabe des Geschäftes.
Danach fand er eine Arbeitsstelle bei einem Kollegen. Es folgte eine Anstellung in der HO-Backwarenherstellung, wo er sich besonders des fachlichen Nachwuchses annahm und später auch dort als Pförtner seinen Dienst tat. Es ergab sich, dass er im Hotel ‚Astoria' am Ernst-Thälmann-Platz eine Anstellung als vielfach einsetzbare Kraft erhielt."

Im Jahre 1972 verstarb ihre Mutter. Zehn Jahre später der letzte Eigentümer vom „Café Berger". Der Konditormeister hat bis zu seinem Lebensende „seine Selbständigkeit bewahrt und mit wachem Geist und großem Interesse an Politik, Kultur und Wissenschaft deren Entwicklung verfolgt". Trotz vieler Schicksalsschläge blieb er seinem Dresden treu.

44. Konditorei Prüfer im „Hôtel Stadt Gotha" – Schlossstraße / Ecke Kleine Brüdergasse – Das „Fisch'l Café"

Dresden in den 1930er-Jahren. Ein Teil der ehemaligen Restauranträume vom altehrwürdigen Hotel „Stadt Gotha" wurde an die Konditorei Prüfer unterverpachtet. Der Hotelbetreiber folgte der damaligen gängigen Praxis. Die bewegten Goldenen Zwanzigerjahre waren vorbei und um das gastronomische Unternehmen führen zu können, erwartete man mit den Mieteinnahmen weiterhin eine Rentabilität. Und die Dresdner Schlossstraße galt seit jeher als eine besonders lukrative Geschäftsadresse. Reger Publikumsverkehr galt als sicher.

Bereits in den vorherigen Jahrzehnten hatten sich hier zahlreiche Bierhäuser und Weinrestaurants angesiedelt. Auch einige traditionelle Kaffeehäuser wie das „Café Central“ am Eingang der Straße und das nur wenige Gebäude weiter entfernte „Schlosscafé“ luden zum Besuch ein. Die „Konditorei Prüfer“ wagte dieses geschäftliche Risiko. Neben dem reichlichen Kuchen-, Torten- und Kaffeeangebot überzeugte sie mit der damals ungewöhnlichen Inneneinrichtung der gepachteten Räumlichkeiten.

Als besonders geschäftsfördernd erwies sich die Idee, auf den Raumteilern des langgestreckten Gästeraumes Aquarien aufzustellen. Eine Oase der Ruhe entstand inmitten des hektischen Großstadtlebens. Für die zahlreichen Touristen war dies eine Überraschung. Und die einheimischen Dresdner Familien kehrten oft nach einem ausgiebigen Einkaufsbummel hier ein. Spätestens wenn die begleitenden Kinder den versprochenen Besuch im „Fisch'l Café“ einforderten.

Das Eckhaus zur Kleinen Brüdergasse zählte bis zu seiner Zerstörung beim Bombenangriff im Februar 1945 zu einer der beliebtesten Kaffeehausadressen. Es blieben die Kindheitserinnerungen zahlreicher älterer Dresdner. Das eigentliche Gebäude „Hotel Stadt Gotha“ geriet in zunehmende Vergessenheit. Die ursprüngliche Firmierung „Konditorei Prüfer“ ebenfalls. Ins Gespräch kommt man erst mit älteren Zeitzeugen bei der Erwähnung des volkstümlichen Namens „Fisch'l Café“. Und dann erzählen sie und ihre Augen leuchten.

Aquarien im Gästeraum sollten eine „Oase der Ruhe“ schaffen.

45. Das „Café Wachendorf“ im Kurort Weißer Hirsch

In dem stetig wachsenden Kurort Weißer Hirsch wurde im ausgehenden neunzehnten Jahrhundert schmerzhaft ein Kaffeehaus vermisst. In einer Ortsbeschreibung aus dem Jahre 1883 wird bei der Aufzählung ortsansässiger gastgewerblicher Lokale keine derartige Einrichtung erwähnt. Trotzdem mussten die Einwohner und zahlreichen Kurgäste nicht auf täglich frisch gebackene Brot- und Kuchenerzeugnisse verzichten. Schließlich gab es schon seit einigen Jahrzehnten die Bäckerei Jahn an der Ecke Bautzner Landstraße / Plattleite.
Eine aus jenen Jahren datierte Fotografie zeigt ein langgestrecktes Fachwerkgebäude, in deren rechtem Untergeschoss sich der Verkaufsraum der Bäckerei befand. Über dem Eingang und einzigem Schaufenster wurde mit der Aufschrift „Brod-Weiss u. Butter-Bäckerei“ geworben. Haus und Geschäft entsprachen noch dem dörflichen Charakter des ehemaligen Ritterguts. Ein angeschlossenes „Café“ gab es nicht. Eine solche Einrichtung war allein räumlich nicht möglich.
Doch ein ganz anderes Bild zeigt sich im ersten Jahrzehnt des 20. Jahrhunderts. Moderne Wohn- und Geschäftshäuser entstanden schräg gegenüber dem Lahmannschen Sanatorium. So auch hatte bereits um 1895 der Bäcker Jahn ein neues Eckhaus in Klinkerbauweise errichten lassen. Sein Nachfolger Alfred Johann Wachendorf

Wohnhaus mit Kaffee und Konditorei Wachendorf, um 1900.

pachtete im Jahre 1907 zunächst die Geschäftsräume und bereits ein Jahr später konnte er das Gebäude kaufen. Vorher betrieb er ein ähnliches Unternehmen am Ferdinandplatz in Dresdens Altstadt. Das erste Kaffeehaus auf den Weißen Hirsch hatte nun eine Adresse.
Hier konnte man zur späteren Nachmittagsstunde beobachten, wie die Kaffeehausgäste ein besonders großer Bewegungsdrang überfiel. Sie alle drängelten sich zu der nicht einsehbaren Toilette. Es war die Zeit, in der die Ärzte des nahen Sanatoriums Feierabend hatten und auf ihrem Heimweg am Café vorbeikamen. Mit einem kurzen Blick durch die ebenerdigen Fenster konnten sie nachprüfen, wie ernst es ihren Patienten mit der verordneten gesunden Ernährung war.
Drastische Umsatzeinbrüche brachten die Jahre des Ersten Weltkrieges. Das Ausbleiben des internationalen Fremdenpublikums im Kurbetrieb machte sich auch im „Café Wachendorf" bemerkbar. Dennoch konnte der Geschäftsbetrieb aufrechterhalten werden.
Als im Frühjahr 1920 Victor Klemperer seine Professur in Dresden antrat und auf Suche nach einer passenden Wohnung war, entspannte er sich mit seiner Frau Eva gern bei Erkundungstouren in der Dresdner Umgebung. „Loschwitz u. die Conditorei dort oben hat es uns angetan. Einziger Nachteil, daß der Blick über Elbe u. Berge fehlte", heißt es u. a. in einer Tagebucheintragung vom 9. Mai 1920. Und auch das Kuchenangebot war in jenen Jahren noch sehr dürftig. Keksgebäck zu einer Tasse Kaffee zählte schon zu einer Wohltat. Zwanzig Tage später schrieb er:

> *„... Am späten Nachmittag Fahrt nach Loschwitz, schnurstracks zu Wachendorf, ein ganzes Pfund Speculatius gekauft (was sind jetzt 20 M?) u. nach Kaffeesitzung ebenso geradewegs zurück. Der Gang über die Elbbrücke, die Fahrt in der Drahtseilbahn immer wieder hübsch. Und die vielen Blumen da draußen in Blasewitz ..."*

In ihrem ersten Dresdner Jahr zählte das Ehepaar Klemperer zu den Stammgästen. Davon zeugt auch eine Tagebucheintragung vom 28. Juli 1920:

> *„... Am Nachmittag fuhren wir heute zum Weißen Hirsch u. saßen faul u. erfreulich bei Wachendorf, der gut mit Zeitungen versehen ist. Gott weiß, was aus Polen, Rußland u. uns wird. Man ist vollkommen abgestumpft, u. nichts – weder Räterepublik noch neuer*

Krieg – würde sonderlich überraschen. Man ist übersättigt mit Weltgeschichte. Ich darf gewiß ‚Man' schreiben, denn alles empfindet so. Butterpreise sind viel wichtiger ...“

Und als er im Oktober gleichen Jahres – aus wirtschaftlichen Gründen – zahlreiche Abonnements von Zeitschriften kündigen musste, – fand er hier die Möglichkeit, sich weiterhin über die „Weltpolitik“ zu informieren.
Die geschäftliche Entwicklung vom „Café Wachendorf“ war in den folgenden Jahrzehnten weiterhin eng mit der Entwicklung des Kurortes verbunden. Einige Jahre bewirtschaftete die Bäckerei in den Sommermonaten den nur unweit entfernten Konzertplatz im Waldpark.
„Familientradition verpflichtet!“ sagten sich sicherlich auch die Wachendorfs nach dem Ende des Zweiten Weltkrieges. An einer Wiederbelebung eines Kurbetriebes im schräg gegenüberliegenden „Lahnmann'schen Sanatorium“ war nicht mehr zu denken. Über viele Jahrzehnte wurde der Gebäudekomplex als medizinische Einrichtung der in der DDR stationierten Roten Armee genutzt. So kam es vermutlich Anfang der 1950er-Jahre zu einer Verkleinerung der angeschlossenen Gästeräume. Gleichzeitig verschwanden auch die verandaartigen Vorbauten an der Bautzner Landstraße.
Einer treuen lokalen Kundschaft konnte er sich trotzdem sicher sein. Schätzten doch nicht wenige das Angebot, ihre frisch gebackenenen Brötchen – trotz staatlich verordneter Öffnungszeiten – bereits in den frühen Morgenstunden in der Backstube kaufen zu können.
Als im Sommer 1986 Jürgen Wachendorf in den wohlverdienten Ruhestand ging, wurde auch der Bäckereibetrieb eingestellt. Die angeschlossene Lokalität unter der Firmierung „Café Wachendorf“ wurde aber weitergeführt.

46. „Café Toscana“ – Die älteste ununterbrochene Kaffeehaustradition in Dresden

Spätestens nach dem Bau des „Blauen Wunders“ verlor der Dorfplatz der Vorortgemeinde Blasewitz seine ursprüngliche ländliche

Idylle. Ähnlich wie im gegenüberliegenden Weindorf Loschwitz entstanden im unmittelbaren Areal der Brückenauffahrten moderne Geschäftshäuser. Dem Ausflugsverkehr tat dies keinen Abbruch. Die Standseilbahn zum Weißen Hirsch mit dem neu geschaffenen Restaurant „Luisenhof“ oder die „Seilbahn“ nach Oberloschwitz, wo man von dem zeitgleich geschaffenen gastronomischen Unternehmen „Loschwitzhöhe“ eine herrliche Fernsicht auf Dresden und Umgebung hatte, entwickelten sich zur Touristenattraktion. Und nicht wenigen war im April 1899 aufgefallen, „dass an der Brücke in Blasewitz gegenüber dem Schillergarten“ das „Café Toscana“ erstmals zum Besuch einlud. Der Name erinnerte an das Heimatland der populären sächsischen Kronprinzessin Luise.
Gründer Louis Köhler war bestens in Blasewitz bekannt. Schließlich bewirtschaftete er schon einige Jahre das beliebte Ausflugslokal „Schillergarten“. Seine Idee bei dieser Geschäftserweiterung war, auch für die Kaffeehausfreunde eine besonders vornehme Lokalität zu bieten. Er scheute keine Kosten für die Inneneinrichtung. Und so wurde lobend in der zeitgenössischen Tagespresse berichtet:

„*... Die Wände zeigen eine frische, satte, mattgrünfarbige Tapete; die jagdgrünen Lamprequins sind mit schöner Applikation plastisch bestickt und die Polstermöbel mit solidem, orientalischen Khivastoff bezogen. Alles dies zusammen giebt im Verein mit den rosafarbenen Stores und den bunten Fenstern den Räumen eine angenehme frohe Stimmung ...*“

Viele Vorschusslorbeeren erhielt er, und bei diesem idealen Standort mit dem Ausblick auf die Loschwitzer Elbhänge dürfte er sich wohl kaum über fehlendes zahlungskräftiges Publikum beklagen können. Doch hinter den Kulissen waren noch einige Schwierigkeiten zu überwinden. So lohnt es sich schon, genauer in Akten der Gemeindeverwaltung Blasewitz zu schauen, welche im Dresdner Stadtarchiv aufbewahrt werden.
Am 12. August 1907 wandte sich der damalige Pächter „Conditor Hugo Zimmermann“ an den Ortsvorsteher. Er sah seine Existenzfrage gefährdet. Schließlich war in den Sommermonaten das „Café Toscana“ fast leer. Diese Umsatzeinbrüche waren mit der höheren Gästezahl zur kälteren Jahreszeit kaum wettzumachen. Als Lösung

sah er nur eine Konzessionserweiterung: So heißt es in seinem Schreiben:

> „... *Ich würde auch in den Sommermonaten auf meine Kosten kommen, wenn ich ein Glas Bier verabreichen dürfte, denn fast sämtliche Familien mit Herrenbegleitung kehren dort ein, wo sie ein Glas Bier haben können ...*"

Natürlich wollte er mit seinem Anliegen aus dem „Café Toscana" kein Bierlokal machen. Dafür sprach schon seine über 25-jährige Tätigkeit als „selbstständiger Conditor". Und er verglich sein Geschäft mit den ersten Kaffeehäusern der naheliegenden sächsischen Residenzhauptstadt Dresden. Dazu gehöre nach „heutigen Verhältnissen" unbedingt auch die Erfüllung des Wunsches nach einem Glas Bier.

Der Gemeinderat Blasewitz hatte gegen das Gesuch keine Einwände. Einstimmig unterstützten sie den Kaffeehausbesitzer. Entscheiden musste aber die Königliche Amtshauptmannschaft Dresden-Neustadt. Und diese Behörde ließ sich Zeit. Ein halbes Jahr später gab es lediglich die Genehmigung zum Ausschank von Getränken mit äußerst geringem Alkoholgehalt. Ein weiterer einjähriger Brief-

Die Anziehungskraft des „Café Toscana" überdauerte die Zeiten.

wechsel folgte, bis Zimmermann die eigentliche Genehmigung erhielt. Ab Mitte November 1908 durfte er echte böhmische und bayrische Exportbiere ausschenken. Räumliche Erweiterungen und die Einrichtung einer Backstube erfolgten in jenen Jahren.
Gute Vorarbeit also für den nächsten Pächter. Am 1. Dezember 1910 übernahm Robert Förster die gastronomische Bewirtschaftung vom „Café Toscana". Zitate aus seinem Empfehlungsschreiben klangen eigentlich vielversprechend:

> „... *Seit langen Jahren in den ersten Häusern des In- und Auslandes beschäftigt, darunter allein 12 Jahre als 1. Zimmerkellner und Oberkellner im Hotel Bellevue in Dresden, Theaterplatz, war es schon immer mein sehnlichster Wunsch in Dresden oder der nächsten Umgebung eine selbstständige Existenz zu finden, zumal auch meine Frau eine Reihe von Jahren in Dresden ansässig war.*
> *Zur Zeit bin ich seit 1. April 1906 Pächter des städtischen Saalbaues in Darmstadt der Stadt Darmstadt gehörig, eines Etablissements I. Ranges, in dessen Räumen grössere Veranstaltungen stattfinden und auch von den allerhöchsten und höchsten Herrschaften besucht wird.*
> *Nur der Wunsch wieder in der Nähe meiner langjährigen Tätigkeit zu kommen, hat meine Frau und mich veranlasst, die Conditorei und Café Toscana zu übernehmen und der Stadt Darmstadt das Pachtverhältnis für den 1. April 1911 aufzukündigen ...*"

So las sich ein Bewerbungstext vor über hundert Jahren. Verschiedene „Referenzen" sollten die Eignung bekräftigen. So jene vom Vorsitzenden des Vereins „Dresdner Kaffeehausbesitzer" Peter Peböck („Café Central") am Altmarkt oder seines langjährigen „Prinzipals" Herrn Ronnefeld (Direktor des Hotels „Bellevue" am Theaterplatz). Letztendlich erhielt er den Zuschlag.
Das Jahr 1911 war für viele einheimische gastronomische Betriebe ein Spitzenjahr. Die „Erste Internationale Hygiene-Ausstellung" brachte einen ungeahnten Besucherstrom in die sächsische Residenzhauptstadt. Von dem anschließenden Ausflugsverkehr profitierten auch die umliegenden Gemeinden. So auch die zahlreichen Gastwirtschaften in Blasewitz. Für das „Café Toscana" schien es nicht so gut gelaufen zu sein. Hatte sich Robert Förster bei der

Geschäftsübernahme verspekuliert? Irgendetwas stimmte nicht und bereits im August 1911 wurde bekannt, dass nach einem neuen Pächter gesucht wird.
Alois Franz Lenz konnte den Eigentümer und auch den Gemeindevorstand Blasewitz von der Übertragung des vorhandenen Konzessionsscheines überzeugen. Und auch über die erforderliche Berufserfahrung verfügte der gebürtige Österreicher. Seit dem Jahre 1906 führte er eine eigene Konditorei mit Feinbäckerei im Haus Gutzkowstraße 8. Wiener Charme zog nun auch in das „Café Toscana". Das Gästepublikum dankte es ihm mit zahlreichem Besuch. So sah es auch noch im heißen Sommer 1914 aus, als der Erste Weltkrieg ausbrach.
Nach der anfänglichen Kriegseuphorie und dem Glauben an einen schnellen Endsieg, trat spätestens ein Jahr später Ernüchterung ein. Sowohl für den österreichischen Gastwirt als auch seine deutschen Gäste. Lenz wurde zum „österreichischen Heeresdienst" eingezogen und der Kreis seines Stammpublikums lichtete sich. Und so hatte auch die Hauseigentümerin „Marie verehel. Zimmermann geb. Garke" zunehmende existenzielle Probleme. Deshalb bat sie in einem Brief vom 27. März 1916 den Gemeinderat um die Übertragung der „Bier-Concession" des Pächters Lenz auf ihre Person. Und sie begründete dieses Anliegen.

> *„Da durch Bundesratsverordnungen die Bewirtschaftung eines Café- und Conditorei-Betriebes eine sehr schwierige ist, würde Wiedererlangung der Konzession für mich insofern von grösster Wichtigkeit sein, da ich gezwungen war, dem Pächter Lenz sieben Monate rückständige Miete restlos zu erlassen. Exacte Bewirtschaftung wird mich hoffentlich bald in die Lage setzen, dem Café seinen alten Ruf wiederzugeben."*

Leider ist aus der Gewerbeamtsakte nicht zu entnehmen, wie die Sache ausging. Vermutlich war eine letztendliche Entscheidung nur nach Beendigung des Ersten Weltkrieges möglich. Schließlich war es auch für die Behörden schwer erklärbar, dass ein zum „Kriegsdienst" eingezogener Kaffeehauswirt von der Heimatfront mit dem Entzug des Konzessionsscheines benachteiligt werden sollte. Zumal er noch Staatsangehöriger eines Bündnispartners war.

Neue Pächter hielten ab den 1920er-Jahren die weitere Bewirtschaftung vom „Café Toscana“ aufrecht. Ein schwieriges Jahrzehnt. Nachkriegswirren und Inflation waren dem stetigen Geschäftsbetrieb nicht förderlich. Die Einführung einer sicheren Währung in der Weimarer Republik belebte letztendlich auch Dresdens Kaffeehäuser. So konnte man erst ab dem Jahre 1924 wieder an alte geschäftliche Erfolge anknüpfen. Zum treuen Stammpublikum zählten unter anderem auch nicht wenige Kurgäste des naheliegenden Kurortes „Bad Weißer Hirsch“. Oft beendeten sie hier ihre ärztlich verschriebenen Wandertouren. Einen Besuch des „Café Toscana“ enthielten diese Empfehlungen nicht. Zu verführerisch waren die hier angebotenen Konditoreierzeugnisse. Und so legte manche geplante Abmagerungskur hier eine Pause ein. Beobachtungen, welche bis in die Anfangsjahre des Zweiten Weltkrieges gemacht werden konnten.
Im Oktober 1945 übernahm Werner Anders die Bewirtschaftung vom „Café Toscana“. Sein Vorfahre Robert Beyer hatte im Jahre 1870 eines der bekanntesten Kaffeehäuser in Dresdens Altstadt gegründet. Nach einer Konditorlehre übernahm er Anfang der 1930er-Jahre das im Familienbesitz befindliche Kaffeehaus. Fast fünfzehn Jahre hatte er die Möglichkeit, das Traditionsunternehmen unter der Adresse Wilsdruffer Straße 20 fortzuführen. Beim verheerenden Bombenangriff im Februar 1945 wurde das Stammhaus zerstört. An einen Neuaufbau war nicht zu denken. So fand er am Schillerplatz eine neue Erwerbsmöglichkeit. Und auch ein großer Teil seiner langjährigen Mitarbeiter.
Ein schwieriger Neuanfang stand bevor. Zeitzeugen erinnern sich zunächst an das Angebot von hungerstillenden Kohl- und Kartoffelsuppen. Ein Hauch von Süßspeisen brachten die mit selbstgekochter Marmelade gefüllten Eierplinsen. Das eigentliche Konditoreiangebot war zunächst auf einfache Plätzchen beschränkt. Und es dauerte noch einige Jahre, bis man wieder in den Genuss eines echten Bohnenkaffees kam.
Konditormeister Anders verfolgte weiterhin seine Pläne – ob nun unter russischer Besatzung und der neugründeten DDR – an diesem Standort Dresdner Kaffeehauskultur wiederzubeleben. Seine Bemühungen wurden in den örtlichen Tageszeitungen lobend erwähnt. So auch zur Adventszeit im Jahre 1953:

„… Wer, von Loschwitz kommend, über das ‚Blaue Wunder' pilgert, kann wirklich sein blaues Wunder erleben. Kommt er doch direkt zum Schlaraffenland!
Doch halt, ganz so einfach ist es wirklich nicht zu diesem gelobten Lande vorzudringen. Da ist erst einmal ein kleiner Menschenauflauf zu überwinden, in vorderster Reihe Buben und Mädel, die sich in seliger Verzückung an der Fensterscheibe die Nase plattdrücken. Wenn nur nicht die dumme Glasscheibe wäre! Sonst könnte man doch mal am Weinberg vom herrlichen Spalierobst oder daneben von den wunderschönen Apfelsinen, Bananen, Pfirsichen, Birnen und Aepfeln naschen oder auf dem Moosteppich die lustigen bunten Pilze pflücken!
Von dem Baumkuchen auf den Balustraden wäre auch ein Stückchen nicht zu verachten. Ja, und da kommt doch wirklich ein Schwein gleich knusprig gebraten mit seinen ebenso knusprigen Ferkelkindern aus dem Stall gelaufen, das auch verschnabulliert werden möchte! Könnte man nur einmal auch von dem süßen Honig schlecken, der dem fürwitzigen Burschen im Schlaraffenland aus der Dachrinne nur so in den Mund tropft! Ach, und die Würste, die Schinken, die Wecken und Kuchen, mit denen das Haus gedeckt ist!
Ja, wenn man könnte – aber man kann nicht, dafür sorgt die Glasscheibe, und das ist gut so. Dafür haben aber viele Tausende ihre helle Freude an dieser kleinen Schau, die Konditorei und Café Toscana, dieses Jahr zur Weihnachtszeit unter dem Motto ‚Schlaraffenland' zeigt."

Eine mutige und auch ansprechende Schaufenstergestaltung in einer Zeit, als noch Lebensmittelkarten das alltägliche Leben bestimmten. Umso verständlicher, dass es in den folgenden Jahren in einer „Mangelwirtschaft" solche Berichterstattungen der Zensur zum Opfer fielen. Doch die 1950er-Jahre waren auch dadurch gekennzeichnet, besonders erfolgreiche gastronomische Privatunternehmer von der staatlichen Handelsorganisation (HO) abhängig zu machen. Ziel war es auch, das „Café Toscana" zu einer unter eigener Regie geführten Lokalität zu machen und von der Popularität des traditionellen Namens zu profitieren.

Sicherlich konnte man sich Werner Anders als Betriebs- oder Produktionsleiter für das „Café Toscana" vorstellen. Dieser konnte aber kaum den Gedanken ertragen, sämtliche geschäftlichen Entscheidungen und Investitionen nun mit der HO abzustimmen. Er wehrte sich gegen diese Vereinheitlichung. Leider ohne großen Erfolg. Wenige Jahre später wurden ihm geschäftliche Unregelmäßigkeiten unterstellt. Von Steuerschulden und Unterschlagung war die Rede. Eine Haftstrafe folgte für den mit dem neuen System nicht einverstandenen langjährigen Kaffeehausbesitzer. Wenig später verließ er seine Heimat in Richtung Westen.
Geblieben war aber sein langjähriges Personal. Gleichzeitig das treue Stammpublikum. Im Jahre 1956 kam es zu einem großen Brand in den Gast- und Wirtschaftsräumen. Ein Rückschlag, doch wenig später konnte in dem neugestalteten „Café Toscana" wieder das treue Stammpublikum bewirtet werden. Als es etwa zwanzig Jahre später an die HO verkauft wurde, hatte es nichts von seiner Anziehungskraft verloren. Hier wurde die beste Eierschecke Sachsens gebacken, verrät Martin Walser in „Die Verteidigung meiner Kindheit". Keine Einzelmeinung, denn noch viele andere Zeitgenossen erinnern sich an die langen Warteschlangen, um einen freien Platz zu erhalten. Ähnliches war auch an der Verkaufstheke zu beobachten. Etwas Zeit musste man schon einplanen, um ein Kuchenpaket der berühmten Konditoreispezialitäten mit nach Hause nehmen zu können.
So blieb es bis zum Ende der DDR-Zeit eine beliebte Kaffeehausadresse. Dann wurde es einige Jahre ruhiger. Das Eckhaus am Schillerplatz wurde dem ursprünglichen Eigentümer rückübertragen. Das komplette Gebäude wurde saniert. Dabei fiel mit der originalen Drehtür eines der letzten Sinnbilder Altdresdner Kaffeehauskultur der Bauwut zum Opfer. Seit dem 6. Januar 1993 wird das neu geschaffene „Café Toscana" durch das Familienunternehmen des Radeberger Konditormeisters Peter Eisold bewirtschaftet.

Fotonachweis

Titel SLUB Dresden / Deutsche Fotothek / E. A. Donadini
12 Quelle: Franz Eugen Köhler, Köhler's Medizinal-Pflanzen in naturgetreuen Abbildungen mit kurz erläuterndem Texte. Gera. 1887
16 Quelle: Staatsbibliothek Berlin / Preußischer Kulturbesitz
23 SLUB Dresden / Deutsche Fotothek / Klaus-Dieter Schumacher
26 SLUB Dresden / Deutsche Fotothek / Klaus-Dieter Schumacher
30 Stadtmuseum Dresden (kolorierter Kupferstich, Johann Carl August Richter, um 1815)
35 Sammlung Andreas Them
38 SLUB Dresden / Deutsche Fotothek / Reprod.
39 SLUB Dresden / Deutsche Fotothek / Brigitta Paetzold
41 Quelle: undatierter Zeitungsausschnitt um 1900
43 SLUB Dresden / Deutsche Fotothek
44 Sammlung Holger Naumann
49 Sammlung Holger Naumann
50 Sammlung Andreas Them
53 Sammlung Holger Naumann
54 Sammlung Holger Naumann
56 SLUB Dresden / Deutsche Fotothek / Walter Hahn
59 SLUB Dresden / Deutsche Fotothek / Hermann Hantzsch
62 Sammlung Holger Naumann
63 Sammlung Andreas Them
68 Sammlung Holger Naumann
71 Sammlung Holger Naumann
73 Sammlung Holger Naumann
74 Sammlung Andreas Them
77 Sammlung Holger Naumann
82 SLUB / Deutsche Fotothek / Lydia Pokoj
89 Sammlung Holger Naumann
92 SLUB Dresden / Deutsche Fotothek / Georg Rasche
96 Sammlung Holger Naumann
99 Sammlung Holger Naumann
102 Sammlung Holger Naumann
105 Sammlung Holger Naumann
106 Sammlung Holger Naumann
108 Sammlung Holger Naumann
111 Sammlung Holger Naumann
117 Sammlung Holger Naumann
119 SLUB Dresden / Deutsche Fotothek
122 Sammlung Holger Naumann
126 Sammlung Holger Naumann,
127 Sammlung Andreas Them
132 Sammlung Holger Naumann
133 Quelle: BSZ für Gastgewerbe Dresden
135 Sammlung Andreas Them
140 Sammlung Thea Wiedemann / Deutsche Fotothek
149 Sammlung Holger Naumann
150 SLUB Dresden / Deutsche Fotothek
154 Sammlung Holger Naumann